el MÉXICO INDIGNADO

el. méxico indignado

RICARDO RAPHAEL COORDINADOR

ANTONIO CERVANTES

DESTINO

Diseño de portada: Jorge Garnica / La geometría secreta

© 2011, Ricardo Raphael

Derechos reservados

© 2011, Editorial Planeta Mexicana, S.A. de C.V.
Bajo el sello editorial DESTINO M.R.
Avenida Presidente Masarik núm. 111, 2o. piso
Colonia Chapultepec Morales
C.P. 11570 México, D.F.
www.editorialplaneta.com.mx

Primera edición: octubre de 2011
ISBN: 978-607-07-0928-9

Impreso en los talleres de Litográfica Ingramex, S.A. de C.V.
Centeno núm. 162, colonia Granjas Esmeralda, México, D.F.
Impreso y hecho en México – *Printed and made in Mexico*

DIGNIDAD
Ricardo Raphael

La indignación es el sentimiento de cólera provocado por una injusticia escandalosa. No debe confundirse con la frustración o la exasperación: la primera es estéril e incontrolable la segunda. Mientras la frustración paraliza y la exasperación conduce con facilidad a la violencia, el coraje indignado convoca potentemente a cambiar el estado de las cosas.

Una tensa corriente de indignación atraviesa hoy a todo México y es que, como pocas veces, la violencia y la injusticia se han apoderado de la casa. Dice Emilio Álvarez que ya «estamos hasta la madre». Por las redes sociales circulan las leyendas «¡Ya basta!» y «¡No más sangre!». Son todas expresiones de frustración pero dejan fuera una parte fundamental del sentimiento compartido: además de «estar hasta la madre», estamos urgidos por transformar esta realidad poco soportable; sabemos que de seguir así las cosas, el futuro está en peligro.

Hace pocos días, durante una entrevista de las que por mi profesión hago frecuentemente, un intelectual muy respetado me dijo que en México se vuelve falsa la hipótesis aquella de que «cada pueblo tiene el gobierno que se merece», porque en nuestro país el pueblo podía ser peor que su gobierno. Sinceramente me indigné: desde las esferas protegidas que están en las alturas puede decirse cualquier barbaridad. A las élites mexicanas las miro frustradas o exasperadas, pero no han hecho propia la indignación general.

Sin embargo, no vivimos en soledad nuestro sentimiento de coraje; el movimiento de los indignados en Atenas, Madrid o París, inspirado en el libro ¡*Indígnate!* de Stéphane Hessel, y la Primavera Árabe de Túnez, Libia, Egipto o Yemen son expresiones sociales que comparten el malestar. En algunos países la indignación social no violenta, expresada en la plaza, revolucionó la realidad; en otros está a punto de lograrlo. Ahí ya encontraron lo que Alberto Ruy Sánchez llama «la playa debajo de los adoquines». Conscientes o no, las y los mexicanos andamos por el mismo rumbo y por esta razón puedo afirmar que, con señas propias de identidad, México tiene su propio movimiento de los indignados; uno que no nació en la primavera de 2011 y que tampoco va a resolver todas sus causas en 2012.

El futuro de la juventud es el argumento que reúne hoy a tantos seres humanos; esta es la principal divisa del movimiento. De mantener el rumbo sin variaciones, quienes tienen menos edad van a padecer una existencia limitada y pobre. De este lado del puente el futuro ha dejado de ser incierto: a corta distancia se alcanza a ver ya el desastre. No se trata de jugarle al profeta del caos, basta con saber sumar dos más dos para alarmarse.

Hace más de una década que paso varias horas de mi semana dentro de un aula de clases. Confieso aquí que ese es uno de los pocos momentos de mi cotidianidad donde obtengo esperanza: con mis alumnos constato una y otra vez que la siguiente generación es más digna que la mía. Algo similar me ocurre cuando converso con mis hijos Diego, Santiago, Sebastián y Rodrigo; a ninguno de ellos los miro con ánimo de dejarse expropiar el futuro.

Por ellos me indigno fuerte cuando escucho a mis contemporáneos señalar a los jóvenes mexicanos como si fueran los responsables de la violencia y la degradación que todos estamos viviendo. Quienes somos mayorcitos tendríamos que reconocer que esta realidad es obra nuestra. Si el libro llama de alguna forma a que los jóvenes tomen las plazas y las calles es porque sin ustedes no vamos a poder resolver la tragedia compartida. Mover las convicciones, tan profundas como equivocadas, de los conformistas y los predicadores de la reacción es hoy tarea imposible sin la autenticidad y la energía que reconozco en la juventud. Aterra más al político, al empresario, al mafioso, al cacique o al caudillo la voz de la generación emergente, puesta sobre los parques y las avenidas, que todos los argumentos sofisticados, y muchas de las veces frívolos, vertidos dentro de las oficinas de los señores del poder. Por este motivo, la plena expresión del movimiento de los indignados mexicanos es una urgente necesidad y no una moda de estación.

Los 18 textos que conforman este libro están dedicados a los jóvenes de nuestro país. En ningún momento pretenden ofrecer lecciones condescendientes ni prédicas alteradas. Cada autora y autor cuenta en primera persona alguna de las experiencias que les ayudaron a tomar conciencia de su propia indignación y luego explican la manera como transformaron ese íntimo milagro en acciones puestas al servicio del espacio común.

Lydia Cacho, la niña más flaca del colegio, que odiaba a las muñecas y amaba escribir diarios secretos, habla del descubrimiento que un día hizo sobre el poder que guarda la verdad y cómo ese hallazgo vital la llevó hacia el encuentro con las y los otros. Tania Ramírez abraza aquí lo que ella llama *la enfermedad del Che*: «sentir el dolor ajeno como propio». En su caso, más que un principio es una conclusión aprendida a partir del dolor que significa ser la hija de un desaparecido político.

Layda Negrete y Roberto Hernández, los realizadores del documental *Presunto culpable*, dialogan con su hija Maryán sobre las razones que los convirtieron en «los abogados con cámara». Por su parte Emilio Álvarez Icaza confiesa que hubo una semana en que lloró inconsolablemente: aquella de junio de 2011 cuando la Caravana por la Paz recorrió el norte del país hasta llegar a Ciudad Juárez. De su lado, Carlos Cruz, el pandillero favorito de la banda, comparte el proceso que lo llevó a apostar por la no violencia. Se lamenta aquí de haber aprendido primero a utilizar un arma que a tocar el tambor en las calles de su barrio.

Ana Laura Magaloni narra la manera como «la niña de sensibilidad extrema» decidió un día abandonar una exitosa carrera como juez para convertirse en defensora de los desposeídos. De su lado, Sergio Aguayo comparte un tramo de su biografía que muy pocos conocen: con gran honestidad revela por qué hoy se encuentra obsesionado en combatir el tráfico de armas. León Krauze, a quien se conoce como conductor en noticiarios de radio y televisión, afirma en su lúcido texto que hay momentos en el ejercicio de su profesión cuando las palabras se agotan: nada es posible contra la indolencia.

Julián LeBarón recuerda a su carnal Benjamín, quien antes de morir le pidió que no renunciara a la responsabilidad individual que se requiere a la hora de combatir la impunidad y la violencia. Lol Kin Castañeda es una mujer valiente, de esas que solo es posible admirar de manera incondicional; entre otras y otros, a ella también debemos que el respeto a la diversidad sexual sea un proceso irreversible en México.

Alberto Ruy Sánchez, el poeta capaz de encontrar la arena

que hay bajo las piedras, argumenta sobre la fuerza que tiene la diversidad cultural mexicana para alejarnos del ensimismamiento y abrazar la transformación creadora. Por su parte, Blanca Heredia dice por qué no está dispuesta a ser cómplice de la historia de privilegios y «desigualdad rancia» que la educación mexicana nos impone: «La escuela tendría que ser el lugar en el que un niño descubre que tiene alas propias y aprende a usarlas».

Mientras escribo estas líneas escucho tocar la flauta de Horacio Franco; sus solos de Bach me acompañan y al mismo tiempo descubro a un hombre rebelde hasta el compromiso máximo. En su texto, Maite Azuela resulta contundente con respecto a la dimensión corrupta de la política mexicana; termina convenciendo a propósito del argumento pregonado por el movimiento europeo de los indignados: el cambio de nuestra sociedad no va a hacerse desde los partidos porque ahí todo está descompuesto.

Daniel Gershenson es el Quijote de las causas que sí lograron derribar el molino; con la tenacidad como su más notable virtud ha apoyado a las madres y los padres que perdieron a sus menores en la tragedia de la guardería ABC; en su tiempo libre logró también que se aprobara una reforma a la Constitución mexicana donde se obliga al Estado a tutelar las *acciones colectivas*.

Élmer Mendoza, uno de nuestros escritores más inteligentes, nos enseña qué tan trágica y también tan cómica puede ser la épica de la violencia en nuestro país. A este hombre grandote le duele el triunfalismo del «joven de la Presidencia» que sale anunciando victorias imaginarias y la mortandad de los jóvenes. Rubén Albarrán (nombrado arbitrariamente *El Tacvbo* entre los editores de este libro) arroja sin contemplaciones la espiración de todas las partículas tóxicas que hemos consumido. Asegura de sí mismo que es «un hombre respetable: respe*table dance*», y luego grita: ¡*Que viva la matria!*

A Antonio Cervantes no debería presentarlo yo; es artífice fundamental de *El México indignado*. Su compromiso para hacer que razón y corazón permanezcan conectados logró que este libro sea poderoso en testimonios sinceros. Sus reflexiones aparecen al final porque lograron una conclusión inapelable y convincente para reconciliar al país. Le prometí a Antonio que, además de redactar esta introducción, iba a contar aquí una historia sobre la génesis de mi propia indignación. Como le habrá pasado a las y los demás, fue difícil elegir la experiencia correcta, así que opté por la primera que hallo en mi memoria.

En el año de 1937, un hombre al que apodaban *El Charro Negro* pidió una cita para visitar a mi abuelo, quien había instalado un modesto despacho como abogado dentro de su propia casa. Mi abuela le advirtió que no lo recibiera y tuvo razón: en cuanto ingresó al lugar aquel sujeto vació una pistola contra su marido y se retiró sin decir palabra. Después del tronido, la mujer de 24 años se encontró con un cuerpo agonizante y sintió sobre el vientre cómo se escapaba la sangre y la vida de aquel hombre que solo tenía 33. Mi madre también vivió ese terrible momento: aún le faltaba un mes para nacer.

El gobernador de Colima, estado donde vivían mis abuelos, protegió a *El Charro Negro*. Acaso por esta razón y porque la ciudad era demasiado pequeña para ahuyentar la mirada condescendiente de sus amistades y conocidos, la viuda jovencísima decidió mudarse, con sus dos hijos, a la capital del país. Tuvo entonces una valentía que a la fecha me intriga; aquella pequeña familia se había quedado literalmente sin patrimonio. Como pudo montó una casa de huéspedes para estudiantes y así logró sacar adelante a mi madre y a mi tío.

¿De dónde sacó fuerzas doña Alicia para hacer todo lo que hizo? La respuesta que me queda se reduce a una palabra: dignidad. Sus hijos no merecían la otra vida y ella logró construirles un futuro bueno. Lo hizo sin frustrarse ni exasperarse, lo hizo reconciliada con su entorno y valiente todo el tiempo. Ella perteneció a la generación que rehizo a este país después de aquella violenta Revolución. A ella le debo la noción de dignidad y probablemente el primer sentimiento de indignación que experimenté en la vida; su coraje contra la escandalosa injusticia hoy lo hago mío.

Porque me siguen asombrando los pocos años que tenía cuando debió reinventarse, tengo fe absoluta en la juventud. Porque este país ha logrado salir de episodios tanto o más graves, estoy convencido de que lo fundamental todavía está por ocurrir. Con Lydia Cacho, «no creo en el sacrificio ni en el martirologio sino en el trabajo y el esfuerzo profesional y congruente para cambiar al mundo». A nuestro movimiento de indignados aún le falta encontrar su playa; hemos mientras tanto de estar conscientes de que no va a venir nadie a salvarnos: lo que siga será responsabilidad personal de cada uno. Como bien advierte Julián LeBarón en estas páginas: Quetzalcóatl nunca regresó a México, en su lugar vino el exasperado conquistador Hernán Cortés, «y así seguirá ocurriendo mientras no mostremos las agallas para abrazar la dignidad propia».

RICARDO RAPHAEL Soy un periodista y maestro universitario que todos los días se encuentra con mexicanas y mexicanos dispuestos a hacer lo que sea preciso para construir un futuro bueno con respecto a un país que hoy no lo tiene. Estoy indignado porque que la voz de esa mayoría no se escucha con la justicia necesaria. Soy conductor del programa *Espiral* de Once TV México, analista político de los noticieros *Informativo 40* y *Enfoque*, articulista de *El Universal*, columnista de *sinembargo.mx* y coordinador de la maestría de periodismo en el CIDE. Soy autor, entre otras publicaciones, de *Los socios de Elba Esther*, *El otro México* y *Para entender la institución ciudadana*.

INSPIRACIÓN
Lydia Cacho

Corría el año 1970, con siete años a cuestas me subía al viejo auto de mi madre en dirección a los cinturones de pobreza de la Ciudad de México. En esos días me resultaba incomprensible que las llamaran «ciudades perdidas»; si nosotras podíamos encontrarlas, llegar a ellas, caminar entre los montículos de basura y las casuchas de lámina cubiertas con bolsas de plástico, ¿por qué las llamaban así? Nuestro mundo bautizaba como perdido aquello que no quería mirar.

Allí descubrí que la infancia no es vivir en una familia medianamente disfuncional, capaz de exprimir la alegría de una media naranja por las mañanas. La infancia puede ser el juego y los castigos, el descubrimiento y el amor, los helados de tamarindo y jugar al resorte a media calle. Pero hay otros mundos donde la infancia es un rincón oscuro, donde se gesta el abandono y se normaliza la sumisión ante la tragedia; esa tragedia que solo la guadalupana puede justificar, pero nadie del ficticio olimpo de vírgenes y santos puede sanar.

Mientras mi madre —una psicóloga feminista que lo mismo nos hablaba de amor que de sexualidad y de cuentos rusos— daba pláticas a las mujeres y les enseñaba a usar métodos anticonceptivos, yo intentaba jugar con esas criaturas que consideraba mis iguales. Allí, empolvada de tierra con olor a abandono, por primera vez descubrí con azoro que niñas de mi edad eran incapaces de sostener un lápiz para hacer el más simple dibujo, que niños como mis hermanos no tenían la energía para correr detrás de una pelota que les habíamos obsequiado. Se quedaban allí frente a mí, acuclillados en el piso de tierra suelta, con la nariz mocosa y el cabello como madriguera de diminutos parásitos saltarines; y yo sin palabras para incitarlos a sonreír ante la posibilidad de convertirse en un *Pelé*. «¡Mira, así!», y pateaba yo el balón ante el chamaco que me miraba desde ese otro lado del tercer mundo, el de los olvidados. Descubrir que Juan y Ramira comían frijoles y tortilla una vez al día me angustiaba; en casa no había lujos, pero la comida era siempre un ritual gozoso, una bendición que agradecíamos y saboreábamos.

Lo cierto es que una niña no sabe qué hacer con esa extraña sensación de que el mundo no está girando bien, de que como en los cuentos leídos por la noche, algún lobo con piel de oveja logró dividir a las personas entre quienes tienen derecho a una vida digna y otros que apenas respiran en una subsistencia miserable. Entre los escombros de una patria que construía sus desigualdades con medios de comunicación controlados por el presidente de la República, y los ecos frescos de una masacre estudiantil (cuyas anécdotas mis tíos narraban para exorcizar la angustia, lo que, podía intuirse, aún no habían logrado), descubrí que me inquietaba ser parte de la tribu de las y los desiguales. La crueldad de la pobreza y la corrupción carece de significado ideológico en la infancia; por eso mismo tiene una gran carga emocional. Siempre tuve a personas adultas a mi alrededor dispuestas a educarme: ellas y ellos me respondían que en efecto no era feliz ese dolor de una niña-madre de trece años que cargaba en su rebozo a una criatura producto de la violencia, y tal vez nunca lo sería.

Tengo la certeza de que es en la infancia cuando construimos nuestra capacidad para saborear la felicidad, la alegría y la libertad. Así también, aprendemos a temer a quienes son capaces de hacernos daño. Es en esa etapa en que crece la maravilla biológica de este empaque dentro del cual llegamos al mundo, y que nos mueve a sentirlo y mirarlo todo; es durante el proceso de convertirnos en personas cuando aprendemos a desear, a admirar, a gozar, a explorar con los cinco sentidos el universo que las personas adultas construyen, supuestamente, para nosotros. Cuando nos dicen que somos el futuro, corremos hacia la vida adulta distraídas y arrobadas por la idea de dejar de ser el futuro y ser parte de un presente que se antoja promisorio, pero no siempre lo es.

Y también es en la infancia cuando se aprende a no mirar a la niña de nuestra edad que en lugar de ir a la escuela pide monedas entre los autos: ella en cambio sí nos ve y observa al futuro pasar frente a sus ojos velados por el hambre, el sueño y la mugre que su país le obsequia cada mañana. Al educarnos nos dicen que somos iguales, pero las diferencias en el contacto diario se perciben abismales y las respuestas adultas nunca son suficientes cuando nuestros ojos núbiles miran al mundo y lo cuestionan. Percibimos que algo anda mal, pero muchos mayores pasarán el resto de la vida enseñándonos a dudar de la sabiduría de nuestra intuición, esa que en la conciencia alerta a la compasión cuando nos preguntamos: ¿por qué esa otra persona debe vivir humillada en la pobreza, la violencia y la ignorancia? ¿Qué nos hace diferentes?

Mi infancia y adolescencia fueron absolutamente imperfectas. Fui la niña más flaca del colegio, jugaba basquetbol y futbol, odiaba a las muñecas, amaba el ballet y escribir diarios secretos. Ejercí violencia, conocí el sabor amargo del sexismo, de la exclusión por ser mujer, de la discriminación por no ser brillante, de los malos tratos por no ser obediente. Y una tarde de abril me miré al espejo y me declaré rebelde e insumisa. Si el mundo no tenía lugar para las desiguales, pensé, habría que inventarse uno donde quienes no queríamos ser lindas y calladitas tuviéramos voz y voto. Y como toda esa generación de los setenta, salí a escuchar las historias de otras y otros —llena de angustia adolescente y de incertidumbre al descubrir mi vulnerabilidad—. Me vi en el espejo de una juventud insatisfecha, dispuesta a defender mis convicciones y las ideas recitadas antes por mis héroes y heroínas.

Descubrí el poder de revelar la verdad, la increíble satisfacción y fortaleza que renace en mí cada vez que me tomo del brazo de alguien más para decir «Vamos juntos». Y antes de darme cuenta ya estaba abriendo un hospicio para personas con VIH-sida, por la simple razón de que no había uno solo y los chavos que conocí lo necesitaban. Convoqué a mis amistades y juntas lo logramos, a pesar del gobernador y de las miradas aterradas de los vecinos. Luego abrimos una casa para mujeres y niñas, porque no había una, y otra vez levanté la voz y acudieron a mí quienes debieron llegar al encuentro de la aventura para cambiar al mundo.

Fue en el refugio que fundé donde descubrí a madres aterradas con la idea de que sus hijas fueran objeto sexual para adultos. Y la primera vez que me puse en cuclillas frente a una pequeña que me confió su historia, entendí que ante mí estaba una sobreviviente que podía renacer, y dentro de mí, con ella, también renacía una niña indignada y furiosa por la desigualdad atroz, la cual crece cuando retiramos la mirada de los ojos de las y los otros. Y supe que algo podríamos hacer para que estas mujeres, niñas y niños descubrieran no solo su derecho a la felicidad sino su propia fortaleza, concentrada en todos sus derechos y en la solidaridad del mundo para defenderlos y reclamarlos hasta hacerlos suyos para siempre.

Una mañana de octubre, antes de ser encarcelada por las mafias que pretenden convencernos de que los seres humanos estamos en venta, y de que la infancia es un objeto para usar y desechar a su antojo, supe que el lenguaje guerrero anima la ira y el odio, y me prometí nunca más repetir que lo mío es una batalla. Aprendí que construimos la paz con las acciones y el lenguaje que las acompaña, y que la congruencia de la denuncia y la libertad que la convoca son inseparables. Por eso he sido fuerte; por eso, tras sobrevivir a la violación, a la tortura, al encarcelamiento, a estos siete años de juicios y amenazas de muerte, sonrío. Porque sé que no estoy sola, que yo somos nosotras y nosotros, quienes nos atrevimos desde la infancia a mirar y ser miradas, a reclamar un territorio compartido del mundo donde nuestra palabra vale, por ser mujeres, por ser activistas, por ser periodistas, por ser humanas, simplemente humanas.

Cuando descubrí que la violencia era la religión del control, comencé a señalar a quienes todas las mañanas acuden al templo del poder a rezar por la protección de su dinero, de su fama, de sus infamias; a quienes invitan a la guerra porque la paz no es buen negocio para ellos. Y redescubrí el poder que me da mi condición de ciudadana libre. Guardé el ego en una cajita roja en la esquina de un armario, lo envolví en un papel que recita la canción de Luis Eduardo Aute: *Cierto que huí de los fastos y los oropeles, siempre evité ser un súbdito de los laureles, porque vivir es un vértigo, y no una carrera.*

En ese vértigo investigo a mafias y a sus protectores, los denuncio con nombres y direcciones, vivo el gozo del descubrimiento y no siento temor porque también a ellos los miro a los ojos, reconozco su humanidad y sé que la violencia es una elección que hacen cada mañana. Sé que su voluntad no puede destruir la de millones, ni la mía tampoco. Y sí, en el camino he perdido amistades y he visto llorar a mi familia, que siempre me abraza y me cuida la espalda con amor. Con todo, a veces, a pesar de los años, vivo la orfandad y extraño a mi madre, la llamo en sueños y lloro como esa niña de siete años que fui, incapaz de comprender la miseria humana.

Luego me meto a la cocina, preparo una buena pasta y recuerdo que cuando nuestras afirmaciones personales se vuelven confidencias, cuando con un tequila lloramos de alegría o de risa o de tristeza con amistades del alma; cuando descubrimos que la congruencia es mejor herramienta que la violencia para transformar el mundo; cuando nos atrevemos a cuestionar las formas de amar que nos dijeron eran las adecuadas, cuando abrimos los brazos a la diferencia y la complicidad de la semejanza nos arroba el alma, entonces se nos revela luminoso el milagro de la otredad, de la diversidad, del respeto, de la felicidad.

Sé que en la mayoría de las personas el deseo de control no nace de un amor por el poder, sino por el temor de que sin él estarían inseguras y serían vulnerables. Por eso digo que hay que reinventar el poder, y eso no se hace sentados a la mesa con los dueños del discurso, sino en las escuelas y en las calles, ejerciendo nuestro mágico poder transformador llamado ética, demostrando que sí funciona, que sí fortalece, que sí inspira.

Aprendí que la violencia y el miedo son motores de la guerra: de la guerra en las trincheras de las calles y los hogares, de las escuelas y de los medios corruptos, es allí donde cada día la gente decide ejercer violencia para demostrar su liderazgo y poder o, en cambio, elige enfrentarse a la guerra construyendo la paz. Dar la vida ha sido la función de las mujeres; regular la vida y la muerte ha sido la de los hombres de poder. Podemos comenzar, ¿por qué no?, a cuestionar el placer que muchos hallan en el poder de la violencia, en el control y en la muerte. Digamos un simple: «Hoy por ti, mañana por mí y por el resto de la humanidad». Mirarnos a los ojos, compartir la pelota, como en la infancia y decir: «Yo soy tú, tú eres yo».

LYDIA CACHO Soy periodista y defensora de los derechos humanos. No creo en el sacrificio ni en el martirologio, sino en el trabajo y el esfuerzo profesional y congruente para cambiar al mundo. Sé que la violencia es una elección, y todos los días elijo derrotarla dentro y fuera de mí. Soy mujer de fe, pero no creo en la política religiosa que oprime y esclaviza a las mujeres a través del fervor, la ficción y la sumisión. No soy corrupta, y denuncio la corrupción que debilita a nuestra sociedad. Soy feminista, vivo en Quintana Roo, me gusta bucear, pintar y bailar. Mi esperanza está en que la juventud se apropie de México y lo transforme. He publicado siete libros y soy columnista de *sinembargo.mx*.

AMOR
Tania Ramírez

Soy hija de un desaparecido político y tengo 33 años. Cuando se dio el «secuestro» de mi padre por parte del Estado mexicano, yo tenía cinco meses en el vientre de mi mamá. Fueron tiempos complicados y ella tuvo que esconderse para salvarnos la vida, pues el asedio, la persecución, y las amenazas se habían dirigido a toda la familia; hermanos, primos y una cuñada de mi papá vivieron directamente la desaparición forzada, las torturas e incluso la muerte en ese terrible 1977. El año en que nací fue uno lleno de dolor con alguna paradójica chispa de alegría, como mi nacimiento. Creo que desde entonces he tenido que aceptar que, a veces, los extremos de lo contradictorio habitan el mismo espacio: que son posibles la tristeza y la sonrisa, la incredulidad y la confianza, el miedo y el valor. Que los que no están, también están. Sé que es difícil de entender, y todavía me cuesta determinar algunas cosas, como el significado de esa amenaza de muerte que me hicieron, en una llamada anónima a mi mamá, cuando todavía ni había nacido. La contradicción y el conflicto suelen estar ahí siempre y es importante tenerlo presente para saber que en mitad del horror también puede estar sembrada, secreta y silenciosa, la esperanza.

A mi papá lo desaparecieron en junio y yo nací en octubre, así que no he podido conocerlo ni preguntarle todas esas cosas que se pregunta a los papás: ¿porqué hay ricos y pobres?, ¿qué es lo que lleva a una persona a lastimar a otra?, ¿qué es el poder y para qué sirve?, ¿cómo eras de chiquito y por qué hoy eres así? o, ¿me llevas a andar en bicicleta? Creo que lo que más me gustaría que me contara es qué fue lo que le hizo tomar la decisión de luchar por este país y por su gente hasta las últimas consecuencias. A veces tengo diálogos imaginarios con él y he logrado tener algunas respuestas que pienso suyas y hago mías. Me gusta hablar de él y que quienes lo conocieron me platiquen sus anécdotas. Me gusta ver su cara y quisiera mirarlo más, por eso tengo su foto en mi casa y pego carteles con su rostro por las calles. Así es como yo y quienes me rodean hemos convertido de a poco su ausencia en una presencia.

Sin embargo, no he logrado domesticar el dolor que me produce no tenerlo al lado, creo que ni un solo día. Me duele todavía ver cómo sus hermanos se quedaron sin su referente; cómo mi abuela murió sin volverlo a ver; cómo mi hermano también tuvo que crecer sin tenerlo cerca o cómo mi valiente mamá nos sacó adelante mientras suspiraba o lloraba en secreto el vacío que le dejó el Estado a cambio del amor de su vida. Pienso que estas cosas no terminarán de doler nunca, porque el calado de la herida es hondo y está en el centro del corazón y de la existencia de quienes lo queremos. No me engañé nunca al pensar que su ausencia dejaría de sentirse inmensa, así que de a poco fui aprendiendo a darle su lugar en cada momento, sin tenerle miedo al dolor porque este me acompañará siempre. En su lugar, un motorcito que genera rabia y ganas de mejorar las cosas ha ido creciendo en mi cabeza y en mi corazón. Esta historia que yo he vivido es también la de muchísimas personas más y no debería vivirla nadie, nunca más. «Y para eso habrá que hacer algo», imagino que me dice mi papá sentado en el sillón.

Tendremos que encontrar la forma de traer de la memoria el íntimo valor de lo humano, la capacidad de confiar incluso en quienes no conocemos, recordar que en la dignidad de las otras personas crece también nuestra propia dignidad. Quienes sabemos de ausencias, conocemos el valor fundamental de las demás personas. La soledad da fuerzas cuando hay que mirarse por dentro para ordenar lo importante, para saber conocerse y tener lo más claro posible quiénes somos. Pero después de esa ojeada, hay que volver a la gente. Es en ella que se encuentra el hombre, la sonrisa, la fuerza sumada y el sentido último de todo lo que se hace. No hay posibilidad de crecer como persona si no crecemos a la par de los demás. Tampoco será posible hacer que este mundo mejore estando solos: el quehacer por las demás personas no es por ellas, es con ellas.

Después de ese junio de 1977 mi familia quedó sin los tíos Juan Manuel y Mari, y en espera de Rafael. Y fue a partir de ese momento que mi familia empezó a crecer con más abuelas marca ¡Eureka!, como Rosario, Acela, Reyna, Mati o Esperanza; le salieron tíos y más tíos en el Comité 68, y por ahí de 1994 tuvo un brotecito radical de dignidad en la nueva y conocida mirada de las y los zapatistas. Ha sido un alivio saberme con esta familia ampliada; y también una responsabilidad. El más hermoso capítulo de esta familia son los H.I.J.O.S. (Hijos por la Identidad y la Justicia contra el Olvido y el Silencio), mis hermanas y hermanos de lucha, de alegrías y de conspiraciones por un mundo mejor. Con ellas y ellos he aprendido tanto, he crecido mis últimos 11 años, he conocido a muchas otras personas y he puesto en mi corazón la extraña y tibia calma que puede dar un dolor compartido. Ese motorcito de rabia y alegría ha encontrado la coartada para convertirse en sueño interplanetario, en exposiciones de arte, en miles de volantes repartidos cada mes en las calles que rodean a la Suprema Corte de Justicia, en zepelín, en voces levantadas frente a quienes desconocen nuestra historia (su historia), en biografías recuperadas, en rostros dibujados donde se pueda, en canciones, discos, campañas de fotos, escraches, renombramientos de calles, bailes y comilonas. La alegría no es solo una forma más de resistencia ante quienes quisieron aniquilarnos, sino que es, desde ya, la forma más perfecta de victoria.

A menudo me pregunto qué fue lo que hizo que mi padre y mi madre decidieran traernos al mundo a mi hermano y a mí. Si alguien sabía lo difícil e injusta que podía ser la vida, ése era mi padre, pues conoció de primera mano historias de abuso, opresión, desigualdad y crueldad; vivió las suyas e hizo de las de los demás historias propias. ¿Qué es lo que hace que alguien decida hacer algo por los demás? Yo lo he llamado «la enfermedad del Che». La descubrí a partir no de su asma, sino de dos líneas que aparecen en la última carta que dejó a sus hijos: «Sentir el dolor ajeno como propio». No hace falta esperar a que la cosa se ponga peor, ni creo que es hasta que el horror te toca de cerca que empiezas a activarte. Sentir el dolor de las otras personas, incluso las que no conocemos, sentirlo verdaderamente, casi sin hablar y a ojos cerrados, es el inicio de un germinar que no para y que todo lo puede.

Mi madre y mi padre nos trajeron al mundo en tiempos violentos, convulsos, llenos de dolor siempre propio y nunca ajeno, tiempos muy parecidos a estos. Algo vieron que, pese a todo, valía mucho la pena. Esa búsqueda ha estado en el centro de mi caminar y mi vivir: siento que hay un enigma por descifrar en la vida. Eso que vale la pena pese a todo, pese a tocar el fondo del sinsentido, del horror y de la miseria humana; eso que puede hacernos sonreír en medio de la oscuridad, debería ser una búsqueda permanente para todas las personas. Esta curiosidad tiene que acompañarnos siempre.

Seguramente no hay una sola respuesta, inamovible y permanente, ante esta búsqueda. Yo, de momento, tiendo a pensar que es el amor. Vine al mundo como una apuesta radical al amor, a un amor gigante e imparable que me incluía a mí, pero también a toda la generación que conmigo crecería, y a las que seguirían después de mí. Incluía a personas de todos los colores, en todos los continentes, en todos los tiempos. Ese mundo mejor por el que luchó mi padre es una idea basada en el amor y será una realidad si el amor lo conforma. Será una realidad si no perdemos el coraje de sentir tanto el amor como el dolor, y permitir que ambos nos conformen.

Yo también crecí mirando la tristeza y esa extraña necesidad de pedir disculpas de quienes estuvieron antes y no pudieron dejarnos un mundo mejor. Ahora veo a quienes crecerán en el México de 2000 en adelante y también me pregunto si yo misma he hecho lo suficiente. Me habría gustado vivir con mi papá todo este tiempo, tanto como que nunca más una hija tuviera un papá desaparecido. Hoy miro de frente la realidad de ese sueño que no termina de ser posible y vuelvo a escuchar la voz desconocida de mi padre: «Algo habrá que hacer». No puedo responsabilizar a quienes estuvieron antes, siempre y cuando su lucha por algo mejor haya estado determinada por el amor, la verdad, el respeto a la dignidad y la determinación de querer para el resto lo mismo que se quiere para sí. Claro que hay en el pasado a quienes responsabilizar, pero no son aquellas personas que se esforzaron día a día, sumando a su lucha intentar ser consecuentes. Espero que la generación que hoy somos y la que mañana será, puedan hacer la misma valoración de este presente que dentro de poco será pasado.

La responsabilidad de quienes vienen ahora será tener la nobleza para recibir un mundo injusto y doloroso y ser valientes para transformarlo en uno mejor. No estarán solos. La tarea no está acabada y quizá nunca termina del todo; tal vez ese mundo mejor no es un producto final, sino un proceso constante. Conservar la frente en alto, sentir propio el dolor ajeno, abrazar a las demás personas, saber amar pese al dolor y el riesgo, dejar siempre un espacio para mirarse dentro, mantener la curiosidad y luchar dignamente, todo eso es ya, en cierta medida, ese mundo mejor.

Cuando hace un año celebramos en la Ciudad de México el encuentro internacional de H.I.J.O.S., Eduardo Galeano nos envió un saludo bellísimo en el que nos decía que no nos habíamos equivocado a la hora de elegir entre los indignos y los indignados. Nunca antes escuché algo así y hoy entiendo perfectamente por qué sentí que su frase tenía la forma de mi propio corazón. Ya podemos empezar a transformar el estar indignados en un hacer indignados. Porque algo habrá que hacer, digo yo.

TANIA RAMÍREZ Tengo 33 años y a mi papá lo desaparecieron antes de que yo naciera. Fui alfabetizadora de los 12 a los 22 años y participé en campamentos de trabajo comunitario, tequio y cuidado del medio ambiente desde que estaba en secundaria. Soy integrante de H.I.J.O.S. México (www.hijosmexico.org) desde su fundación hace 11 años, y de La Cabaretiza, fundada hace pocos meses. Después de estudiar Letras Hispánicas en la Universidad Nacional Autónoma de México (UNAM), viajé a Madrid para hacer estudios de doctorado. Al volver, trabajé en la Comisión de Derechos Humanos del DF, y actualmente dirijo la carrera de Derechos Humanos y Gestión de Paz en la Universidad del Claustro de Sor Juana.

CULPABILIDAD

Layda Negrete y Roberto Hernández

Cuando conocimos a Toño, el protagonista del documental *Presunto culpable*, pensamos en lo que le sucedió y sabíamos que en México todos estamos en un riesgo muy grave de perder nuestra libertad de forma arbitraria. Esperamos que esta película siga mostrando una realidad no conocida por muchos mexicanos y que nos anime a movilizarnos para cambiarla. En este libro compartimos dos anécdotas que nos conectan con *Presunto culpable*: la de Layda le dejó la gran lección de nunca salir sin una cámara, especialmente cuando nos enfrentamos con autoridades no democráticas y abusivas como las que existen en todos los rincones de nuestro país. Por su parte, Roberto cuenta cómo estuvo a punto de ser él un «presunto culpable». A nosotros nos cambió la vida hacer este filme, y esperamos que muchos se sigan inspirando en la historia de Toño para confrontar y encarar a nuestras autoridades cuando no cumplan con su función.

Layda: ¿Qué te motivó a hacer *Presunto culpable*?

Roberto: Me da por pensar, y así lo he dicho públicamente, que Toño, el protagonista, nos encontró a través de amigos suyos, nos llamaron por teléfono, vinieron a casa y empezamos a colaborar a partir de ahí. Mucho antes de eso, fue una experiencia pequeña, y hasta absurda, la que me marcó con este tema de la presunción de culpa. (Mientras estoy contando esto, mi hija Maryán, de 8 años, le está planchando sus camisetitas a nuestra bebé que está a punto de nacer.)

Cuando yo tenía como 20 años, sobre la calle de Copilco, esquina con Eje 10, me subí por error a un trolebús y pagué la tarifa de 50 centavos. Todavía recuerdo la monedita. Después me di cuenta de que había tomado el transporte equivocado y que me iba a dejar quién sabe dónde: muy lejos. Entonces le pedí al chofer que me devolviera mi dinero y me dijo que no, porque ya me había dado el boleto. Le dije: «Pues dele el boleto al que viene subiéndose atrás de mí», porque había una cola enorme. Me contestó: «No, ya emití el boleto». A mí me pareció bastante absurda su explicación. Era la única moneda que tenía para transportarme a mi casa, así que decidí arrebatársela. Había una charola de madera, ¿cómo se llaman…?

Layda: Se llaman marimbas…

Roberto: Pues de la marimba tomé una moneda, y para mi mala suerte, el pasajero que iba abordando el trolebús atrás de mí era un policía que no estaba en servicio, el cual, en el acto, procedió a arrestarme. Llamaron a dos patrullas y yo insistía gritándole a la gente y al chofer: «¡Esto es por una moneda!». Entre tanto, me sujetaron de los pantalones, me bajaron del trolebús y me subieron a la patrulla. La policía intervino haciendo que se bajaran todos los pasajeros del camión; mientras me llevaban a la patrulla, ellos tomaban sus monedas y las aventaban diciendo: «¡Dedíquense a detener a los verdaderos delincuentes!».

Maryán: ¿Te pasó a ti, papá?

Roberto: Sí, y me llevaron detenido. Llegamos a la delegación, que era la de Coyoacán, ahí por Miguel Ángel de Quevedo, una agencia del Ministerio Público (MP), y me metieron a un separo. Yo estaba muy asustado y enojado, y trataba de entender qué iba a pasar, qué me iba a suceder. En mi cabeza era poco probable que me fueran a acusar de robo, jamás se me ocurrió el grave peligro que estaba corriendo mi vida en ese momento. Muchos años después me di cuenta de que en México hay mucha gente en la cárcel por unos cuantos pesos, por haberse robado un pastelito de una tienda, por una cerveza o unos tacos. Pero entonces no estaba consciente del gran riesgo que corría; yo no sabía que me podían meter a la cárcel por una moneda.

Layda: ¿Y qué pasó en los separos? Los separos son como una celda, como un calabozo…

Roberto: Pues cuando ya se me baja la adrenalina entonces me relajo, me tranquilicé y me di cuenta que una agente del MP que estaba ahí trabajando era egresada de la UNAM, y me jugué la carta de «Soy estudiante de Derecho en la Facultad de la UNAM». Ese día no estaba intentando robarme la tarifa del trolebús. El conflicto era que me había equivocado de camión y ya no tenía dinero para llegar a mi casa. Abordé uno que iba hasta la estación del norte, por Indios Verdes, cuando en realidad necesitaba tomar uno que fuera a Paseos de Taxqueña. Entonces era un desastre para mí porque iba a tener que caminar mucho tiempo para llegar a mi casa.

Yo era muy pobre. Me doy cuenta ahora: no tenía nada. Si estás solo con un peso en la calle, estás en un pedo. Yo vivía con muy poco dinero al día y me quedaba un peso. Entonces me molestó mucho que me presumieran culpable del delito de robo; me llevaron en una patrulla como si me hubiera querido llevar algo. La versión que manejaba el chofer del trolebús era que yo había incitado a la gente a que aventara monedas, pero no era cierto: lo hicieron porque tenían que esperar, porque el trolebús pasaba «cada un chingo», y encima se va de excursión el chofer a la agencia del MP para tratar de joderme, para fastidiar a un *güey* por un peso. Por cierto, he visto el poder que ejercen los choferes en la calle, por eso me cagan los autos, por eso amo la bicicleta. Solo la bicicleta te da la libertad de no depender de un cabrón para moverte, porque estos cuates se van por otros lados, se paran donde se les hincha un pito, y cuando no, no se paran. Pero bueno, yo estaba en un separo por eso, o sea, acabé en un separo de una agencia del MP por una pendejada.

Layda: ¿Cuántas horas estuviste ahí?

Roberto: Pues logré salir muy rápido porque como que empecé a entender mi situación de una manera muy práctica y no me iba a quedar ahí. Acabé, la verdad, volteándosela al chofer. Me acerqué con el MP y le expliqué que yo era estudiante de la UNAM. La funcionaria giró la cabeza, me miró: «¿De la Facultad de Derecho?». Le dije: «Pues sí». Me miró más y como que le entró una especie de simpatía o complicidad profesional hacia mí, sin que hubiera ninguna relación entre nosotros. Yo no sé si intervino otro factor: que me vio blanco y alto. No sé, pero creo que todo jugó a mi favor.

Yo le conté exactamente lo que había ocurrido. Añadí: «Oiga, me parece un poco absurdo que yo esté aquí detenido por un peso, no lo creo justo. Y opino que se está arruinando el servicio para toda la gente por un capricho del chofer, que no me quiso devolver mi dinero cuando no le costaba nada». Entonces me propuso: «Vamos a acusar al chofer por alterar el orden público», y a mí me cobró una multa de 20 pesos. Tuve que hablar a mi casa, decir dónde estaba, era muy tarde. Alguien fue a buscar los 20 pesos, pagué mi multa y me fui. Al chofer del trolebús lo dejaron detenido, lo metieron al separo, pero no creo que lo suyo haya pasado a mayores.

Todo esto marcó mi vida porque me di cuenta de lo arbitrario que era este rollo, es una lotería este sistema. Ahí me percaté de que pude acabar en la cárcel si me hubieran acusado de robo, ¡y ahí me quedo! Así conocí el clasismo y la corrupción en el MP.

Layda: En el Distrito Federal, seis de cada diez personas que están en la cárcel han entrado por cosas así de chiquitas como la que acabas de describir.

Roberto: Y hoy el robo al transporte público en el DF ya no admite fianza, entonces vas a dar seguro al tambo.

Maryán, ahora tu mamá nos va a contar su experiencia.

Maryán: A ver, mamá, te toca. Te recuerdo las preguntas: ¿cuál es la fibra más íntima o personal que tocó en ti la producción de

Presunto culpable? ¿De dónde sacaron la energía para desafiar la indolencia y la pasividad de los semejantes?

Layda: Uta, pues no sé. ¿De dónde surge? ¿De dónde crees que me sale a mí el «fua»? Estoy indecisa sobre si contar cuando condenaron a Toño...

Roberto: Me gustaría que contaras qué es lo que te pasó en las elecciones de Campeche.

Layda: Pues mira, cuando mi madre estuvo participando para ser gobernadora de Campeche iba muy bien, la gente quería votar por ella, pero la persona que estaba compitiendo en contra suya pues no quería que ganara. Entonces nos trataron de asustar de muchas formas. Yo ayudaba como abogada de la campaña y las primeras noticias que empezamos a tener eran que estaban secuestrando a las personas que, de nuestro lado, salieron a vigilar la elección. Las subían a un coche, manejaban hasta la mitad de un camino desolado y las dejaban allí sin coche, sin dinero, sin comida.

Roberto: Mira, Maryán, la gente en cada elección tiene que ir a un lugar a depositar una boleta. Es una casa donde hay una caja en que la gente deja su voto, luego cuentan los votos y ven quién gana. A veces se roban las cajas e inventan los votos y gana una persona que en realidad no ganó.

Layda: Entonces se llevaban lejos a las personas de nuestro equipo y ahí las dejaban para que no pudieran llegar a cuidar los votos. A mí me daba mucho coraje. El chiste es que debía ver que todo estuviera en orden y fui a un lugar, un pueblo pequeño que se llama Calkiní, en Campeche. Me vino a ayudar mi mejor amiga, Ana Laura Magaloni, una mujer a la que admiro muchísimo. Nos bajamos del coche y ya había muchas mujeres esperándonos, todas tenían sus vestidos de colores. La primera persona que me recibió se llamaba Emiliana, me encanta ese nombre. Emiliana y las demás mujeres me llevaron a donde iba a hacerse el conteo de los votos.

Cuando llegamos ya habían empezado sin mí. Pusieron en la puerta a unos policías con un escudo de esos de acrílico para que no pudiera entrar; sabían que iba y querían contar los votos sin que yo pudiera reclamar. Pero nosotras, con todas las mujeres, decíamos: «¡Queremos entrar, tenemos derecho a entrar!». Tratamos de empujar a los policías, pero con esos escudos era imposible, era como chocar contra una pared. Entonces dijimos: «Pues nos vamos a quedar afuera hasta que nos dejen entrar», y nos sentamos en las escaleras. De repente Emiliana me advierte: «Aquí, Layda, aquí en esta ventana que está abierta». Era una ventanita que en realidad era un hoyito en la pared y daba justamente a donde estaban contando los votos.

Entonces les empecé a gritar que me dejaran entrar, que tenía derecho. Gritábamos tanto, Emiliana y todas, que ya no podían hacer nada porque estaban muy distraídos con nuestros gritos. Muy estratégicamente contaron la elección de gobernador primero, para que fuera válida y yo ya no pudiera reclamar. Luego me dejaron pasar, pero no sirvió de nada porque cada vez que decía algo, el señor que estaba encargado de anotar todos mis reclamos miraba al techo. Yo le señalaba: «Mire cómo estas boletas tienen diferente color, distinto tipo de letras, ¡estas son boletas falsas!», y el señor miraba al techo. Cada vez que protestaba hacía como que no me oía y me empecé a desesperar; tenía ganas de pegarle pero no lo hice. Eran horas y horas de pelear, ¡pero de pelear sin que te hagan caso! Me metí donde estaban las cajas de los votos y aún se encontraban abiertas. Entré a la oficina del encargado, abrí el cajón de su escritorio y ahí tenía actas (que es donde quedan registrados los conteos de los votos) en blanco, ya estaban medio armadas y él las guardaba. Entonces le dije: «¿Pero qué es esto?», y me respondía: «No sea mal pensada». ¡Tenía papelería electoral para usar a su antojo, en su escritorio, en su cajón! Grité muchísimo.

Las mujeres que estaban afuera y seguían en la ventanita me apoyaban. Empezaron a pasar las horas y hacía mucho calor. Yo no tenía agua ni comida, pasaba el tiempo y me escurría el sudor. Lo que escribía en mi cuaderno se borraba con mi transpiración; tenía un cuadernucho con mis apuntes medio borrados. No estaba logrando hacer nada. Acabamos a la 1 de la mañana del día siguiente; sin agua, sin comer, con la sensación de que era un testigo de la arbitrariedad pero no podía hacer nada: el vigilante de los votos era tramposo, ayudaba solo a una de las partes, era un mal juez. Acabó el proceso, salí a la calle y las mujeres seguían allí; no se movieron y siempre me estuvieron apoyando, de pie. Todos estábamos muy enojados porque nos habían hecho trampa, porque no nos hicieron caso.

Entonces llegó la policía, muchísima policía; toda la calle llena de policías. Llegaron silenciosamente, de repente los vimos y se pusieron enfrente de donde estábamos. Venían a apoyar al otro bando. Se pusieron unos detrás de otros; los de adelante con escudos y los de atrás con sus armas largas y rifles. Cuando llegaron cortaron cartucho, preparándose para disparar; bueno, no sabíamos para qué pero sí nos asustamos.

A mí me dio una combinación que iba del miedo a la rabia. La gente se asustó mucho y empezaron a gritar y a llorar porque creían que nos iban a matar. Yo dije: «Todos tranquilos, todos tranquilos, no vamos a ceder ante la provocación, no vamos a atacar. Cantemos el himno nacional». ¡Uy, malísima idea!: «Mexicanos, al grito de guerra…», una mala canción para el momento. Entonces propuse: «Todos siéntense», y nadie quería hacerlo porque creían que nos iban a pegar, pero a mí se me ocurrió que si les mostrábamos a los policías que éramos vulnerables, que no los íbamos a hostigar, a ellos les iba a costar más trabajo atacarnos. Nuestra fuerza estaba en lo vulnerables que éramos. Seguía el llanto y la angustia; yo pedía que se sentaran: «¡El que no se siente no está en nuestro equipo!», les decía, y todos lo hicieron.

Entonces Ana y yo nos paramos, fuimos hasta donde estaban los policías y les preguntamos quién los dirigía, porque queríamos hablar con su jefe. ¿Y sabes qué hicieron? Veían hacia el infinito. Les empezamos a decir de cosas, algo así como: «Ustedes vienen sin nombre, vienen anónimos, sin responsabilidad, ¿a qué vienen? ¿A pegarnos? ¿A matarnos? ¿A qué vienen? ¡Pues mírennos, aquí estamos, si nos vienen a matar, mátennos, nos pueden matar, pero vean: hay puras mujeres, niños, no estamos armados y aquí nos vamos a quedar! ¡Véannos las caras!», gritábamos y no nos miraban, se quedaban contemplando así como al cielo, porque no les importaba.

Luego algo padrísimo pasó porque nos sentamos hasta adelante Emiliana, Ana y yo y otras mujeres, y todos los hombres estaban detrás de nosotras. Nos quedamos así, y se me ocurrió: «Cantemos otra vez». Pero Ana propuso: «Ahora hay que cantar una canción de iglesia», y Emiliana empezó a cantar una canción que dice: «...demos gracias al Señor, demos gracias, demos gracias al Señor...». Empezamos primero muy bajito, con mucho miedo, y la canción tiene una parte muy bonita: «... y por las mañanas las aves cantan / las alabanzas / a Cristo nuestro rey...». Cada vez coreábamos más y más fuerte hasta que empezamos a aplaudir mientras cantábamos. Entonces los policías pudieron vernos a la cara, a los ojos; se les empezaron a enchuecar los escudos, perdieron rigidez y nos comenzaron a ver.

Me senté y vi que alguien estaba grabando con una cámara. Me dio muchísimo coraje, estos cabrones traían una cámara y nosotras no teníamos forma de demostrar lo que nos estaban haciendo. Era de noche, nos iban a hacer algo y nadie se iba a enterar de lo que pasara aquí. Había como trescientas personas. Pensé: «Nunca, nunca más vuelvo a un lugar así sin una cámara, nunca me vuelvo a confrontar a una autoridad sin una cámara, al menos tendríamos que tener la oportunidad de contar nuestra historia».

Pero lo bonito fue que cuando empezamos a cantar nos comenzaron a ver; finalmente, de repente, seguíamos con esa canción y oímos cómo se dispusieron a marchar así: *tac-tac-tac*, y de atrás para adelante se iban los policías; fila por fila siguieron yéndose. Cantamos más fuerte: «¡Demos gracias al Señor, demos gracias!», y aplaudíamos con más ganas. Cuando se fueron los últimos, los de la fila con los escudos, ya estaban por la esquina de la calle y nos hicieron adiós con los escudos. Así, «¡adiós!»; al irse el último policía nos paramos, nos abrazamos y lloramos de alegría, porque sentíamos que nos habíamos salvado de algo. A lo mejor no nos iban a matar pero sí a pegar, a lo mejor; no sabíamos. Y nos abrazamos todas.

Regresé a casa. Después supe que a Emiliana la metieron a la cárcel por no estar conforme con el gobierno; al parecer salió, pero siempre me quedé pensando en ella, y muy agradecida y admirada. Mucho después me enteré de que estuvo en la cárcel por ser una líder y una mujer que protestaba, que no se dejaba. Nunca se me van a olvidar ni ella ni Ana ni ese día. Llegué a la casa y ahí me entró el miedo; todo el que no había tenido me dio allí. Me puse a temblar.

Pero me quedaron dos cosas claras: el encuentro me confirmó que no quería ser parte del gobierno, no quería estar de ese lado sino de parte de las mujeres; no quería ser policía ni estar de su lado porque son arbitrarios. La otra cosa que entendí fue la fuerza de las mujeres y que nunca más me aventaría así, sin una cámara. ¡Sí, quiero la cámara y quiero luchar!

Lo que nos ayudó en *Presunto culpable* es que la fuerza de la cámara la hace un testigo muy poderoso; nada más poder ver las cosas es el arma más fuerte, la más filosa.

Maryán: Yo creo que la cámara es mala porque pueden grabarte haciendo cosas malas.

Roberto: Creo que justamente por eso es que la cámara es buena, porque me imagino que tiene costos portarse mal frente a una cámara, y eso disuade a la gente de portarse mal.

Bueno, ¿que de dónde surgen las fuerzas para desafiar la indolencia y la pasividad de la gente? Pues me parece que surgen de estas experiencias de vida. Estas cosas te marcan.

Layda: En mi caso siento que es como un impulso: hay un instinto que tengo desde muy chica, es algo que no pienso, que me llega desde la rabia; cuando veo algo que me parece injusto, en el lugar que sea, está mucho más allá de mi control y a veces me asusta. Es un impulso violento de contrarrestar al momento.

Roberto: Como que todos tenemos un sentido natural de lo que es injusto, pero nos han enseñado a *shh*, a domesticarlo, a callarte. Desde niños sabemos lo que es injusto. Si le doy un caramelo a uno y a otro no, ¿qué se siente?

Maryán: Se siente mal.

Roberto: ¿Ya ves? Si tienes 8 años, ¡tienes un sentido de lo que es justo!

LAYDA NEGRETE Y ROBERTO HERNÁNDEZ Somos los realizadores del documental *Presunto culpable* y nos autodenominamos «los abogados con cámara». Somos abogados, hoy estudiantes de doctorado, y bicicleteros, justicieros y activistas que sueñan con poder transformar el sistema de justicia penal en nuestro país. *Presunto culpable* se convirtió en 2011 en el documental más visto en la historia de México. Esta experiencia nos habla de la fuerza que tienen los ojos ciudadanos para transformar al país. La cámara no es solo una forma meticulosa de ver, es también nuestro escudo y nuestra lanza.

F E

Emilio Álvarez Icaza L.

Con el tiempo y mi propio caminar abracé la causa de los derechos humanos como uno de los pilares de mi plan de vida. Si bien tuve educación, contexto y experiencias muy formativas viviendo en un país como México y siendo latinoamericano, hubo también influencias y enriquecimientos definitivos. La primera es mi familia de origen: provengo de una cuyos fundadores (padre y madre) hicieron de la justicia su causa y de la congruencia una forma de vida. Esto es parte de mi herencia más valiosa, junto con la fe católica.

Igual a como hace mi hermana Marisa, cuando alguien pregunta mi parentesco con Pepe y Luz Álvarez Icaza, respondo: «Soy su familiar lejano... su hijo número doce». «Lejanísimo», agrega usualmente el interlocutor. Soy parte de una familia grande, somos catorce hermanos y hermanas (ocho mujeres y seis hombres); la visión del mundo desde lo femenino y sumarme a la causa de las mujeres son asuntos que comenzaron en casa. Soy, pues, el número doce (en realidad el trece, pues fuimos quince y sobrevivimos catorce).

Esta experiencia fue definitoria: acabamos organizando un modelo familiar donde todas y todos le entrábamos al trabajo doméstico, a la cocina y a la responsabilidad. Desde chico me sumaron y me sumé a la cultura del esfuerzo y el trabajo. Luego pasamos a «las asambleas familiares» (con tal *chundre* de escuincles, ¿pues cómo no?); bajo el principio de «un(a) hermano(a), un voto» transcurrieron no pocos momentos en aquella casa de la colonia Del Valle, en la Ciudad de México, que algunos vecinos confundían con una residencia estudiantil.

La segunda es mi familia actual: junto con mi esposa, dos hijas y un hijo tratamos de organizarnos de manera que lo que se dice afuera se hace adentro. Comparto la existencia con una mujer extraordinaria cuyo plan y opciones de vida se entienden a la luz de la misma opción por los derechos humanos, la justicia y la paz, y también desde la fe compartida: una identidad religiosa que ve a la Iglesia como medio y no como fin; una creencia de que el plan de (papá-mamá) Dios se construye acá, desde una opción preferencial por quienes más necesitan y por la integridad de la creación. Tengo la gran experiencia de haber trabajado solo en lo que creo y en lo que me gusta. No ha sido fácil, pero sí maravilloso; la neta, lo recomiendo ampliamente. La vida no es fácil, y si no se vive haciendo lo que a uno le gusta, puede llegar a ser aún más difícil; por el contrario, haciendo lo que a uno lo realiza, lo que a uno le nutre, hasta divertida puede volverse en ocasiones.

He optado por trabajar desde diversos ámbitos por los derechos humanos, la democratización del país y el fortalecimiento de la sociedad civil; a partir de esta última, en lugares como Cencos, asociación que fundaron mis padres en 1964, o Alianza Cívica, de la cual fui cofundador en 1994, y muchas otras iniciativas. También desde el servicio público, en el Instituto Electoral del

Distrito Federal (IEDF), del cual fui integrante en su primer consejo, o bien en la Comisión de Derechos Humanos del Distrito Federal (CDHDF), institución que presidí durante ocho años. He participado también en la academia, dando clases e investigando para distintas universidades públicas y privadas. Sin proponérmelo, tales actividades me han llevado a viajar por todo México y varios países.

Más recientemente decidí incorporarme al Movimiento por la Paz con Justicia y Dignidad (MPJD), pues me dolió profundamente el vil asesinato de Juanelo, el hijo de Javier Sicilia, y de otros jóvenes. Años atrás sabía de Javier: nuestros caminos, fe y esperanzas son comunes. Al acudir a Cuernavaca a expresarle mi solidaridad no sabía que ese viaje daría un giro a mi vida. Durante los meses siguientes me sumé a este movimiento, sobre todo buscando contribuir a la edificación de un sujeto social: las víctimas, y en la construcción de esperanza para ellos y ellas, y por tanto para todos nosotros, para todo México.

Mi experiencia en la Caravana por la Paz con Justicia y Dignidad (que se acabó conociendo como la Caravana del Consuelo) ha sido una de las más impactantes y vitales. Cuando pensamos el recorrido (DF, Toluca, Morelia, San Luis Potosí, Zacatecas, Durango, Saltillo, Monterrey, Torreón, Chihuahua, Juárez y El Paso, Texas) sabíamos que íbamos a enfrentar algunos problemas difíciles, pero jamás imaginé que el dolor tuviera tal dimensión y que el abandono, la irresponsabilidad, la impunidad y el desastre de los gobiernos estatales y federal llegaran a tal magnitud.

Sabía que cruzaríamos algunos de los lugares más azotados por la violencia en nuestro querido México, pero no tenía idea de que sería la semana en que más iba a llorar. Plaza tras plaza, ciudad tras ciudad, escuchamos testimonios desgarradores, sobre todo de mujeres (otra vez las mujeres portadoras de esperanza), que nos abrieron a nosotros por un momento, y al país entero, la ventana del entendimiento de lo que se vive y sufre todos los días en lugares como esos y otros, que por desgracia son muchos.

La caravana fue un ejercicio ciudadano muy duro, también muy esperanzador, una forma muy concreta de decir «¡Estamos hasta la madre!», de hacer, de aportar (aunque sea un granito y por un momento), para no aceptar como destino fatal esta tragicomedia griega en que se encuentra nuestro México. La caravana no solo reafirmó mi convicción por la causa de los derechos humanos, me enseñó que con acciones simbólicas y solidarias podemos ayudar a cambiar las cosas. Aprendí, entre otras cosas, a sumar para construir ciudadanía desde las víctimas. He citado varias veces a un querido amigo que en un correo electrónico me escribió: «Si las víctimas tienen esperanza, es que el país la tiene, si los más jodidos y dolidos se levantan a caminar, es que todos lo podemos hacer».

Hablé con unos chavos en el recorrido de la caravana y aprendí de ellos que esta era una forma novedosa, distinta de participar. Para ellos el 68, el 85 e incluso 2000 no solo les parecen lejanos sino hasta ajenos, en cambio esta experiencia de ponerles nombre a los fallecidos, de abrazarnos, apoyarnos, de emplazar a las autoridades y al Estado, inyecta fuerza y da rumbo y opción para participar en que las cosas cambien. Esto no solo es mejor que aceptar la fatalidad como norma, sino asumir que la realidad también puede transformarse y que se puede contribuir a cambiarla. Así, la interpretación de *la realidad* es también una forma de disputa; la pregunta es: «¿De qué lado juegas?».

La verdad es que no necesitas una caravana para decidirlo. Lo que necesitas saber es: ¿de qué lado te paras?, ¿del lado donde México se hunde y pudre?, ¿del lado de la indiferencia («a mí no me pasa nada, por tanto…»)?, ¿del lado del *sospechosismo* («algo habrán hecho, algo deben»)?, ¿del lado conformista y cómodo («¿para qué si no puedo cambiar nada, además de que nada va a cambiar?»)?, ¿o te paras del lado de «me sumo, aunque pueda poco»? En fin, ¿eres parte de las soluciones o de los problemas?

Yo, en lo personal, con límites, errores y aciertos me sumo a las y los que quieren jugar del lado de las soluciones. Decidí jugar del lado de la paz y los derechos humanos y estoy plenamente convencido de que la forma de hacerlo es en cualquier lugar y de todas las maneras: con los cuates o la banda, con la novia, esposa, madre, hijas hijos, vecinos y compañeros de trabajo; aunque no sea fácil. En la casa, en la chamba, en el pesero, en la fila del trámite fastidioso, en la escuela o en el templo.

Pero hay un lugar indispensable donde si no se hace lo que se tiene que hacer, luego no puede irse con nadie ni a ningún sitio: ese lugar es uno(a) mismo(a), es nuestro corazón y nuestra mente. Una de las diferencias con los movimientos sociales del pasado es justamente esa, que ahora tenemos plena conciencia de que sin cambio interior no hay cambio exterior posible, sostenible y auténtico.

En realidad se trata de entender que la lucha por los derechos es justamente que cada quien tenga un lugar y cada cual sea como quiera ser, sin que criminales, gobiernos, partidos políticos, obispos o cualquier otro(a) decidan por nosotros. Esto implica hacerse cargo también, hacerse responsable del entorno individual, grupal, social, nacional y global. Hago lo que hago, trabajar por los derechos humanos, no solo porque amo a mi gente y a mi país, sino también por mis hijas e hijo, por mi esposa, familia y comunidad; porque quiero que tengan un mejor lugar para vivir, o al menos que sepan que en eso están mis esfuerzos y afanes.

También hago lo que hago y como lo hago, por mí, para que cuando me vaya a dormir, cuando me encuentro con mi yo interior, no me dé pena ni asco. También lo hago pensando en Dios, en el sentido de la vida para mí, aunque reconozco que hay muchas otras formas de pensar y amar a Dios, incluso de no pensarlo ni amarlo. Cuando estoy agotado, cuando llevo días de largas jornadas, de ahí viene la fuerza, igualmente: de darle sentido a las cosas, de ofrecerlo como aporte para la construcción de un espacio con lugar para todos y todas. Asimismo lo hago porque no estoy dispuesto a quedarme cruzado de brazos y ver que México se nos escurre de entre las manos como arena de mar. Porque me gusta construir mis sueños y los sueños compartidos. Hay otra razón: por que se me pega la gana, ¡así nomás!

Todas estas razones son simultáneamente fuentes para sacar fuerzas a la hora de enfrentar lo que vivo, las frustraciones, los miedos y los dolores, para sobreponerse a las derrotas y fracasos. También son fuentes de profunda alegría y esperanza. Pienso que las y los jóvenes tienen muchos más desafíos de los que nosotros tuvimos (los que somos más viejos), pero también es cierto que poseen más herramientas y condiciones para ser y hacer. La juventud tiene a este mundo: yo no pienso que sea *el mañana*, es *el hoy, el aquí y ahora*; no habrá cambio sin ella, pero tampoco con ella si se la traga el mercado, el individualismo y el *valemadrismo*. Francamente creo que hay muchas más razones y testimonios para ser optimistas sobre la juventud.

Es un hecho que esta generación, en el amplio sentido de la palabra, como ninguna otra tiene un nuevo paradigma: el de los derechos humanos. Nunca en la historia se han construido tantos instrumentos jurídicos internacionales, regionales, nacionales y locales para proteger la dignidad humana. Este es uno de los lados maravillosos de la humanidad. Claro que la ley no es suficiente ni eficiente para garantizar los derechos y su ejercicio, pero es un piso mínimo. El largo camino de la justicia, de la dignidad y de los derechos ha entrado en las últimas décadas en un proceso de aceleración, aunque tampoco es permanente, definitivo ni constante. Es producto de los esfuerzos y anhelos de quienes se dedicaron antes a construirlos.

Este nuevo horizonte llevará a la especie humana a un lugar mejor, si es que antes no somos lo suficientemente idiotas como para acabarnos el planeta, pues también es verdad que esta generación (fiel militante de las pedagogías *golpesori* y *destrosori*) ya sabe que el mundo puede tener fin. Que los recursos en el mundo son finitos y que la vida en él puede terminarse. La humanidad es, a la vez, tan terrible e imbécil que ya no necesitamos de bombas atómicas para destruirlo todo: solo de seguir relacionándonos con el planeta como lo hacemos hoy; nos lo vamos a acabar y con ello cuanto existe. Si no nos relacionamos con el medio ambiente de otra manera, sencillamente la vida no será posible; así de simple, así de severo.

Este entendimiento diferente puede poner término a la noción de *progreso sin fin* a partir de la idea de usar y desechar, de tomar y tirar, de considerar todo como mercancía. Hoy sabemos, con más certeza que nunca, que gracias a la crisis económica en Estados Unidos, el mercado no puede por sí mismo arreglar todo, porque *la mano invisible* tiene párkinson, pero no cualquiera: es uno direccionado, pues siempre jala para el mismo lado.

El trabajo de un defensor de derechos humanos a veces duele, la verdad duele, pero dolerá más negarlo; no es que tener miedo sea malo, lo malo, lo inconveniente es cuando nos inmoviliza. Tal vez estamos en un momento en que conocemos mejor las preguntas que las respuestas, o mejor dicho: casi nunca sabemos las respuestas, pero bien vale la pena soñarlas, buscarlas, construirlas, hacerlas realidad. Esta búsqueda vital es lo que a mí me mueve, porque pienso que uno debe dejar este mundo mejor que como lo encontró. Porque quiero que mi gente y también la que no es mi gente sea feliz. Porque creo que en el respeto, defensa y promoción de los derechos humanos de todas y todos hay una propuesta civilizatoria basada en el amor, la paz y la justicia. Afortunadamente, todo este caminar, a veces pesado, a veces alegre, lo hago en comunidad, en colectivo: en un nosotros y nosotras donde queremos que quepan los otros y las otras. ¡Bien vale vivir en el intento!

EMILIO ÁLVAREZ ICAZA L. ¡Hay que intentar! Soy parte de una familia de catorce hermanos y hermanas. Soy un luchador por la defensa de los derechos humanos. Soy hijo de unos padres que hicieron de la justicia su causa y de la congruencia una forma de vida. Estudié Sociología en la Universidad Nacional Autónoma de México y obtuve la maestría en Ciencias Sociales por la Facultad Latinoamericana de Ciencias Sociales, Flacso. En 1999 fui consejero del Instituto Electoral del DF y de 2001 a 2009 presidí la Comisión de Derechos Humanos del DF. He sido coordinador de Comunicación y Derechos Humanos del Centro Nacional de Comunicación Social, Cencos; también doy clases en universidades públicas y privadas. Hoy tengo invertida la vida en el Movimiento por la Paz con Justicia y Dignidad.

IRA
Carlos Cruz

A los carnales y carnalas

En junio de 2011 visité Brasil para conocer el trabajo de *Afro-Reggae*, una organización especializada en la promoción de la cultura Afro que quiere sacar a las niñas, niños y adolescentes de las fauces del crimen. Mientras compartía con mis colegas lo que hacemos en Cauce Ciudadano, la organización que dirijo, un niño me preguntó sobre mis habilidades creativas: «¿Tú actúas, pintas, cantas, bailas o cuál es tu don?». Me quedé pensando en esa pregunta durante días. Al final del viaje, en medio de una avalancha de bailes, percusiones y cantos constaté que no tengo ninguna habilidad artística. Y logré identificar por qué no la tengo. Muy temprano en mi vida dos frases fueron contundentes: la primera, «Del bote sales, del hoyo jamás», y la segunda, «De que lloren en su casa, a que lloren en la tuya, mejor que lloren en la suya».

Mis habilidades creativas se volcaron en aprender a armar y desarmar pistolas y escopetas; en montar y desarmar chapas de puertas, hacer ganzúas y preparar petardos con esquirlas o balas; en conseguir pólvora y TNT clandestinamente. Me enseñaron a pegar y a hacer daño. Aprendí a soportar la tortura y no *cantar* por lealtad; aprendí la solidaridad como un esfuerzo por salvar mi vida. ¿Acaso no tenía yo derecho de tener un tambor, un estudio de grabación, un maestro de pintura o una lata para *grafitear*? ¿No teníamos mis maestros, compañeros y yo derecho a un espacio donde desarrollar nuestra creatividad? ¿Por qué pusieron un arma en mi mano en lugar de otro instrumento?

La genealogía de las familias hay que tejerla con la genealogía de la sociedad. Cada nudo nos hace florecer, cada lazo roto es la oportunidad de renacer. Indignarse es un ejercicio cotidiano de amor, pasión y locura, de ideas chatas y cortas, o puntiagudas y largas; es pensar en imágenes vagas como sueños, o reales y palpables como la pared. Indignarse en forma de cubos o de espirales; es repensar los orígenes de los padres y madres, de los abuelos y abuelas, de sus pueblos y barrios, de sus múltiples patrias, esas que se tejen desde el sur de mi México hasta el norte.

Nací en 1973; soy el punto final de una mujer y un hombre que decidieron comenzar una caminata por la felicidad en 1964. Al mismo tiempo que se casan mis padres, inicia la guerra en Vietnam y se alquilan tierras sinaloenses para el cultivo de amapola para las morfinas y heroínas, para esa guerra que es el origen de la nuestra hoy. Provengo de una mujer campesina avecindada en la ciudad que opta por tener a un quinto y último hijo. Y de un padre contador de profesión y contador de historias; que pagaba sus impuestos, siempre señalado por su honestidad. Un ciudadano que cumplía con la norma, duro de carácter, producto de su historia llena de violencias. Él decide educar a su hijo sin darse cuenta de que la mano dura no enseña, corrompe.

Mirando hacia mi pasado tengo siete razones para estar indignado, para poderlas entender hay que leer con la cabeza fría y el corazón ardiente:

Primera razón: un padre honesto, empleado de 16 horas diarias que no veía a su familia. ¿Por qué ese padre no pudo estar cerca de su hijo cuando nació? ¿Era realmente necesario que para alimentarnos, vestirnos, pagar la renta, tuviera que estar tan lejos? Al parecer sí, pues empresarios y gobiernos a la vez lo embelesaban y explotaban.

Segunda razón: cinco años de edad y ya sabes leer: «Ve a la escuela hoy porque después ya no habrá quién te enseñe el camino». Hay que enfrentar un sistema educativo violento, que no entiende las inteligencias de los niños. Indignación mayor es que el sistema solo cambia para ser más autoritario, menos creativo y más complaciente con un sistema económico que quiere tener a personas que digan «Sí, señor», «Mande, señor», palabras que en el sistema educativo son sinónimo de disciplina, de buen comportamiento y de futuro supuestamente próspero pero sumiso. Me indigna este sistema que no genera personas asertivas y que anula las formas creativas de resolver problemas.

Tercera razón: muchos de mis amigos y amigas han padecido y padecen la injusticia de un sistema judicial que tortura y mata. Mata la esperanza de saber que la ley es una herramienta de la democracia. Pero la ley bien aplicada habría siempre de trascender la relación económica entre el servidor público, las víctimas o los victimarios, y sin embargo no es así: ser «legal», en la mayoría de los casos, es también ser corrupto. Mis amigos han sido encarcelados injustamente, muchos fueron pagadores, muchos hoy son la carne de cañón que llena las cárceles; otros, los menos afortunados, solo llegaron a ser cifras.

Ellos, mis amigos muertos, también los vivos y yo decidimos indignarnos y cambiar nuestro destino: nunca más un joven en la cárcel, nunca más un joven en la plancha de un hospital, nunca más un joven en los panteones. Esta indignación crece pues cada niño, niña, adolescente o joven muerto nos duele y a la vez nos cicatriza el cuerpo: no debería ser así pero el dolor es necesario para poder cambiar.

Cuarta razón: me dijeron que la democracia era el sustento de la transformación de nuestro país, pero hoy la gran mayoría de los que lucharon o luchan por ella todavía, son invitados de un festín de complicidades legales e ilegales que les permite no romper su estado de confort; donde el voto es apenas un manjar fugaz para los pobres, quienes en fechas de elecciones tienen la oportunidad de obtener algo. Es indignante que solo se nos llame a votar pero no se nos invite a participar y tomar decisiones. Aunque no lo crean, los jóvenes de este país queremos tomar las decisiones con ustedes, los que hoy deciden. Los problemas se resuelven mejor pensando colectivamente.

Quinta razón: con once años me incorporo a la secundaria. Voy adolorido debido a mi paso por tres primarias que me impiden contar con amigos permanentes; la distancia y el cambio me dejan nada más vacío. Me enfrento con la crueldad de los que no reconocen lo diferente: mi color de piel tostado, mis labios gruesos y mi pelo rizado dejan ver mi origen de negro. Este origen es motivo de burlas, «negro», «africano», «esclavo», y otros muchos apodos que duelen; dolor que logro romper al saber que ese color de piel es el que origina la vida en la tierra. Me indigna este México racista, discriminador, violento con mi tono de piel o mi forma de hablar. Algunos parecemos negros porque somos negros, y eso nadie nos lo podrá quitar porque en nuestras mitocondrias se hallan nuestros orígenes; hay que buscar esos orígenes. Yo por lo pronto ya encuentro los míos en la mulata Juana Aguilar del Porte.

Sexta razón: no hay forma de cosechar tanto odio si no es porque has abusado de mí con tu poder, el que hoy se ve reflejado en la inmensa corrupción de los funcionarios públicos de todos los niveles y de todos los poderes, de gobiernos municipales y federales, policías y diputados vinculados a la delincuencia organizada, gobernadores señalados por los propios criminales. Si algo aprendí en mi paso por la criminalidad es que cuando no cumples tus pactos siempre habrá quien te reclame públicamente. ¿Cuándo se perdió la nobleza del cargo público? Los políticos corruptos son tristeza e indignación nacional. Ellos deben retirarse, y otros y otras renovarse, y muchos debemos seguir sus pasos para verificar que su deber ético se cumpla.

Séptima razón: yo, junto a otros que en mucho fueron mis enemigos, hoy construyo paz. Nosotros superamos la adversidad del dolor y de las muertes para pasar a un estadio de paz dinámica y constante. Ser *antipriista, antipanista, antiperredista, anticomunista, antianarquista*, solo ha pavimentado un camino de desencuentro para muchos jóvenes en el país que hoy quieren ser eternamente *Zetas, Sinaloa, Familia* o *Golfo*. A ese nivel ha llegado el desacuerdo. No me cuenten que no se puede pactar, ¡pacten, políticos, por el bien de México! Pero pacten con los ciudadanos. Vacunen sus acciones dialogando con la gente de abajo. Deben procesar pacíficamente sus diferencias y dejar de usar como carne de cañón a niñas, niños y jóvenes, mujeres y pobres. Nosotros no somos su moneda de cambio.

Después de 37 años de vida bien puedo decir que mi padre y mi madre nunca han visto el México de paz, justicia, bien común y democracia. Los del poder les mintieron y ellos creyeron; asumieron que solo había que educar en casa, que no debían participar en la escuela (les decían que era lo mejor pues los maestros «saben lo que hacen»); que hay que pagar impuestos pues estos serán usados justamente; que los programas y proyectos son diseñados pensando en sus hijos. Les mintieron y en esas mentiras se fueron sus sueños de felicidad: mis padres se equivocaron.

Y su indignación es la mía, pues tengo claro que no quiero ser cómplice de la indignación de mis hijos, que no les mentiré a ellos, que ofrezco disculpas públicas por el daño generado en mi adolescencia y juventud, que mi compromiso es con la indignación de todas y todos, la de él, la de ella, la tuya, la de ellos, la de nosotros. Al final de mi camino yo no voy a decir «no pude». La mística de ese México grandioso, rico y *suculento* bien merece soñar y luchar.

Mis amigos y yo construimos Cauce Ciudadano para rescatar a jóvenes de la criminalidad. Esto me sirvió para romper y transformar la opresión y la indignación que me acompañaron en mi adolescencia.

CARLOS CRUZ SANTIAGO Nací en 1973 y tengo siete razones para estar indignado; para poderlas entender tienes que leerme con la cabeza fría y el corazón ardiente: soy un pandillero constructor de paz. Profesionalmente soy un educador popular y un actor social, emprendedor de la red global Ashoka de Emprendedores Sociales, egresado del Instituto Histradut de Israel en Prevención de la Violencia Juvenil. Entre otras cosas, soy uno de los fundadores de Cauce Ciudadano, AC, y de la Escuela Latinoamericana para la Actoría Social Juvenil. Además he dictado conferencias, talleres y cursos en diversos estados del país y en ciudades de Iberoamérica.

JUSTICIA

Ana Laura Magaloni

Mi hija Julia dice que ella es una niña con buen corazón. Su maestra del kínder la definía como poseedora de una sensibilidad extrema: «Se pasa el recreo cuidando que los niños no maten bichos». Era, a sus cuatro años, la defensora de las catarinas, las arañas, las mariposas y los gusanos. Cuando alguien iba a pisar algún bicho, ella le decía: «¿Te imaginas qué sentirías tú si fueras ese bicho?». Muchas veces de nada sirvieron sus razonamientos ni sus súplicas: «No sé por qué a muchos niños les gusta matar insectos», decía. Inevitablemente cuando me cuenta todo esto mi hija, recuerdo mi infancia: también fui una niña con la piel delgada o, como decía su maestra, con «sensibilidad extrema».

Desde pequeña tenía clavado el tema de la justicia. Al igual que Julia con los insectos y los animales, a mí me ponían triste dos cosas principalmente: el abuso y la pobreza. Me dolía el estómago, por ejemplo, cuando mis compañeras de primaria se burlaban de la niña gorda de la clase o cuando, desde la ventana del coche, miraba a niños de mi edad pidiendo dinero. Muchas veces defendí a la niña gorda y ayudé en causas sociales. Sin embargo, otras tantas vivir con la piel delgada me resultaba incómodo y agotador. Haber nacido en una familia donde el dinero nunca fue un problema y las zonas de confort fueron enormes, me permitió adormecer, por muchos años, mi destino con la justicia y la injusticia de mi país.

Podría haber estudiado Medicina; desde los 11 años me imaginé participando en misiones de ayuda de Médicos sin Fronteras. Sin embargo, estudié Derecho porque creía que ser juez era algo particularmente interesante. Impartir justicia, remediar el abuso, lograr que la voz del más débil se escuchara eran, según yo, tareas centrales de la impartición de justicia. Antes de terminar la carrera me di cuenta que nada de ello pasaba en los tribunales de mi país. La primera vez que tuve contacto con la impartición de justicia mexicana fue cuando encarcelaron a cuarenta campesinos en Chiapas por haber invadido un pedazo de tierra propiedad de un latifundista alemán. Iba como en quinto semestre de la carrera y unos amigos que trabajaban en las comunidades campesinas me pidieron ayuda. Cuando llegué a la cárcel de Pichucalco, después de dos días en camión, los campesinos estaban muertos de hambre. Llevaban tres días recluidos y nadie les había dado de comer. Sus familias estaban muy lejos y la cárcel no prestaba ese servicio ni ningún otro. Era un galerón con techo de lámina, sin camas ni cuartos ni regaderas. Después de atender el urgente asunto de la comida, fue un *shock* mirar los legajos de papel de la averiguación previa: cuarenta declaraciones idénticas, hechas en papel carbón, conformaban la evidencia en su contra. Es decir, cada uno de los campesinos se había declarado confeso, algunos sin saber hablar español, utilizando exactamente las mismas palabras que el resto de sus compañeros. Para que no alcanzaran fianza, el Ministerio Público inventó que derribaron algunos árboles, tipificándose así un delito grave. Para mi sorpresa, el juez, sin parpadear, avaló esa caricatura de acusación: dictó auto de formal prisión a todos ellos. Era fácil pronosticar su veredicto. Lo más duro para mí fue darme cuenta de que mi formación en Derecho era irrelevante para evitar ese desenlace fatal.

A fines de la década de los ochenta, un juez en Chiapas, como en casi todo el país, era un simple funcionario al servicio del gobernador en turno. El aparato de justicia servía como un mecanismo de presión política; los pleitos de tierras como este se resolvían al margen del sistema de justicia. En este caso, supe que el obispo Samuel Ruiz logró que liberaran a todos «mis defendidos». Después de esta experiencia decidí que quería llegar a ser juez federal en Chiapas, así que, a un año de terminar la carrera de Derecho, ingresé a trabajar al Poder Judicial Federal en un Juzgado de Distrito en Materia Administrativa. Después de tres años descubrí que la justicia mexicana no tenía nada que ver con lo que imaginé que era la justicia cuando elegí estudiar Derecho. Detrás de una retórica formalista y acartonada, los dilemas humanos, los problemas concretos, la vida de carne y hueso de los que acudían a un tribunal estaba desasociada del Derecho. ¿Cómo se podrían juntar? ¿Qué tipo de argumentos utilizaban los tribunales en el mundo para dar soluciones justas, razonables y socialmente útiles?

Los planes de mi vida cambiaron. Ya no quería ser juez, ahora quería reformar la justicia en México; para ello había que estudiar cómo hacerlo. Salí a cursar el doctorado: comencé en España estudiando el Tribunal Constitucional español pero terminé en Estados Unidos seducida por la Corte Warren y el movimiento de derechos civiles. Fueron siete años de investigar la Corte Suprema de Estados Unidos. El debate jurídico de ese país me enseñó otra forma de pensar el Derecho, del todo novedosa para alguien que se había educado en un sistema de Derecho codificado como el mexicano. Las experiencias concretas, el día a día de los tribunales, los conflictos de la vida colectiva son, para los juristas estadounidenses, el vehículo para analizar y discutir los dilemas de justicia que hacen relevante la profesión legal y la actividad de los jueces. Pasé muchos años intentando descifrar de qué estaba hecha la arquitectura argumental de las decisiones judiciales que tenían la fuerza de cambiar al mundo. Todas ellas tienen una buena mezcla de ingredientes: sentido común, valentía, convicción por determinados valores, claridad sobre el problema y los dilemas que plantea, preocupación por el impacto de la decisión del juez en la vida de los ciudadanos y un buen ropaje argumental de tipo jurídico. Sin embargo, la combinación de esos ingredientes, estoy convencida, es más un arte que una ciencia.

En 1997 no tuve dinero para continuar mis estudios en el extranjero. Regresé a México y, como una especie de destino fatal, volví a enfrentarme cara a cara con el sórdido mundo de los ministerios públicos, las cárceles y los jueces penales. Esta vez me llamó un querido amigo pidiéndome que llevara la defensa de una mujer, Claudia Rodríguez, que había disparado en contra de quien la intentaba violar. «El caso está clarísimo —me dijo—. Todas las pruebas están ahí.» Acepté porque sabía que a Claudia la iba a representar un defensor de oficio, lo que significaba, casi seguro, una sentencia condenatoria de 16 años de prisión. Mi hermana Beatriz de forma muy solidaria se subió a la causa; ella es politóloga más que abogada, sin embargo posee una mente potente y estratégica, es fuerte, determinada y, como diría la maestra de Julia, también tiene una «sensibilidad extrema».

Es difícil siquiera describir a lo que nos enfrentamos con la defensa del caso de Claudia; cada uno de los recovecos del sistema de justicia penal está hecho para someter al acusado y pisar su dignidad. Para quien no tiene el dinero y las conexiones que se necesitan, es decir, para la inmensa mayoría de los habitantes de nuestro país, el sistema es una trituradora de vidas. Claudia era de esas personas determinadas a ser carne de cañón del aparato penal mexicano, una más de las miles que habitan las cárceles. Salió por la determinación de sus abogadas, por la ayuda de miles de mujeres que tomaron la defensa política y mediática del caso, por el ingenio y la creatividad de los peritos más atípicos del gremio y porque el *New York Times* dedicó una plana entera al juicio de Claudia a solo un día de que se presentaran las conclusiones.

Con los años he aprendido que lo que sucedió con el caso de Claudia fue un milagro. El sistema penal es como la mordida de un perro rabioso: una vez encajado el diente, no te suelta. El debido proceso, la presunción de inocencia, el derecho a una defensa adecuada son vocablos casi siempre vacíos de contenido. También lo son los derechos de las víctimas. Basta escuchar las historias de las madres que tienen hijas o hijos levantados por organizaciones criminales; me duele su desamparo ante la ausencia total de las procuradurías. El impacto que tiene la maquinaria judicial en las víctimas y los acusados es injusto, más allá de toda proporción: es desesperante y ofensiva. Solo para hacernos una idea de quiénes son los acusados: hasta 2005, 43 por ciento de las personas encarceladas en el DF habían robado menos de 500 pesos de forma no violenta.

¿Cómo cambiar este sistema? ¿De qué están hechas las resistencias que lo mantienen operando? ¿Por qué la reforma al sistema penal es una reforma huérfana en términos políticos? ¿Cuántas tragedias más deben suceder para que comencemos a derribar las estructuras autoritarias del viejo régimen? Hay que asumir la responsabilidad que nos toca. A los ciudadanos nos ha faltado indignación; también dejar aflorar nuestra convicción profunda por la justicia. Estoy convencida de que esta es un pegamento potente como para juntar lo que la violencia rompe. La reforma al sistema de procuración y justicia penal va a comenzar a moverse cuando la mayoría queramos justicia y no venganza frente a las conductas criminales. Claro, tal cosa es un desafío en estos momentos tan complicados para el país; sin embargo, es menos complicado querer justicia y no venganza, que continuar matándonos unos a otros.

ANA LAURA MAGALONI Soy abogada de profesión y justiciera de corazón. Tengo buena estrella pues casi todo el tiempo me gano la vida haciendo cosas que me gustan: enseñar, escribir, debatir y descifrar los dilemas de la injusticia en México. Espero algún día lograr tener impacto para que en materia de justicia las cosas mejoren para personas de carne y hueso. Estoy convencida de que no hay peor lucha que la que no se hace.

OBSESIÓN

Sergio Aguayo Quezada

«¿Por qué las armas te preocupan tanto?», me preguntó Ricardo Raphael a raíz, supongo, de que en 2011 empecé a solicitar firmas para pedir al presidente Barack Obama tres medidas que redujeran el contrabando de armas de Estados Unidos a México.

Nací en un rancho del municipio de Ayotlán pero crecí en Guadalajara, la capital de Jalisco, un estado leal a la cultura de la violencia. Después del rosario venía la cena y luego empezaban las historias de tesoros y aparecidos y se recordaba a la parentela que combatió a los federales al grito de «¡Viva Cristo Rey!». Eran relatos minuciosos y detallados sobre cómo se moría, se mataba y se velaba. Era igualmente normal que en las fiestas familiares algún varón desahogara el regocijo vaciando al aire el cargador de una Colt .45.

En el barrio de mi adolescencia, San Andrés, formé parte de una pandilla llamada Los Vikingos, que veía con naturalidad el uso de la fuerza. El arsenal era escaso —pistolas, rifles calibre .22 y uno que otro M2— y se dejaba para situaciones extremas. Los duelos personales o las batallas campales contra otros barrios o contra los golpeadores de la Federación de Estudiantes de Guadalajara se libraban a patadas, guantazos o garrotazos. Había un cierto código de autocontención y las muertes por armas de fuego eran más bien escasas e imputables, en ocasiones, a los arrebatos de imprudencia de a quienes se les iba una bala o se volaban una parte del cerebro para chantajear a la novia, o mientras jugaban a la *ruleta rusa* bajo el influjo de rones o tequilas de ínfima calidad.

Los novenarios esporádicos se hicieron habituales cuando, a finales de los sesenta, una parte de la Guadalajara pobre y consciente se unió a la insurgencia armada, aplastada por los escuadrones de la muerte que en sus ratos libres servían a quienes empezaban a traficar con drogas. En 1971 dejé Jalisco cargando una que otra cicatriz pero ninguna cuenta irreparable; me enrolé en la brutal disciplina de El Colegio de México donde o leías y escribías o perecías. Encerrado en los sótanos de la biblioteca me daba mis tiempos para sentir la culpabilidad de quien sobrevive a una tragedia; sabía que el mundo de mi juventud estaba siendo destruido a sangre y fuego. Fue entonces cuando me interesé por los derechos humanos y encontré en la protección de las víctimas el antídoto a la displicente familiaridad con la violencia de mis primeros años.

Vinieron los posgrados en el extranjero y a finales de los setenta me convertí, por invitación de Lorenzo Meyer, en profesor del Centro de Estudios Internacionales de El Colegio de México. El año en que ingresé a ese claustro las guerras centroamericanas iniciaron; las estudié y me movilicé para exigir que México diera asilo a las oleadas de desplazados con las cuales era inevitable que me identificara. Me conmoví y sufrí con los horrores de las guerras. En octubre de 1982 acompañaba a una misión del Alto Comisionado de Naciones Unidas para Refugiados (ACNUR) en la selva de Marqués de Comillas, Chiapas. Súbitamente, por entre los árboles salían miles de andrajosos indígenas guatemaltecos que venían huyendo de los feroces Kaibiles (tropas de élite de aquel país). ¡Cuánto dolor, cuánta muerte y sufrimiento! No sería ni la primera ni la última vez que descendí al Infierno de Dante. Reaccioné haciéndome especialista en temas de seguridad; quien quiera defender los derechos humanos ha de comprender la lógica de sus violadores.

México era diferente. La disputa por el poder se hacía cada vez más en torno a elecciones limpias y confiables. Tan fuerte era el impulso pacífico que la vertiente armada de la rebelión zapatista de 1994 duró unos cuantos días, muy rápido aceptaron una tregua de facto que todavía se mantiene. Fue una esperanza efímera. El presidencialismo autoritario y centralista no fue sustituido por una institucionalidad democrática; solo se rompieron los diques que contenían una criminalidad que floreció y se expandió porque tenía tras de sí una añeja veneración por la violencia.

En 2011 México está inmerso en una guerra y la debilidad del Estado le impide enfrentar un doble flujo: del sur van a Estados Unidos ríos de drogas y de migrantes; el norte avienta al sur fortunas en dinero y un caudal de armas cada vez más letales. Cada día entran a nuestro país hasta 2 mil pistolas y fusiles de asalto que equipan a los grupos armados para sembrar el terror y enfrentarse a las fuerzas estatales. El costo social es gigantesco y crece la sensación de impotencia. Para evitar que nos paralice el miedo hay que renovar la agenda.

El 10 diciembre de 2008 participé en una cena organizada por el Instituto México del Woodrow Wilson Center; seríamos una cincuentena de mexicanos y estadounidenses que después del postre escuchamos las palabras del entonces procurador general de la República, Eduardo Medina Mora. Faltaban unos cuantos días para que tomara posesión Barack Obama y el funcionario aprovechaba para decirles a los estadounidenses ahí presentes que México esperaba que Obama frenara el contrabando de armas.

A la mitad de su alocución entraron unos asistentes de traje brilloso. Iban en procesión cargando una Barrett calibre .50, el arma preferida de los francotiradores. Había leído sobre ella, pero nunca la tuve tan cerca. Medía un metro con veintidós centímetros, tenía dos patas que soportan un cañón largo y esbelto y despedía destellos de un intenso gris metálico que me recordaban el color de algunos ataúdes. De su parte superior le brotaba como joroba una gigantesca mira telescópica. Tenía un cargador para diez balas capaces de perforar blindajes, atravesar concreto y despedazar cuerpos.

Por mi herencia jalisciense veía con lujuria al instrumento; por mi formación posterior me horrorizaba pensando cómo destruiría a una persona. Mientras me sumergía en mis cavilaciones, Medina Mora seguía describiendo sus peculiaridades; así supe que un francotirador canadiense tiene la marca mundial porque en Afganistán pulverizó a un enemigo a 2 mil 400 metros de distancia. Esta Barrett, agregó el procurador, costó unos 4 mil dólares en una armería de Texas y le fue incautada a unos sicarios en Reynosa, Tamaulipas. Es favorita de los cárteles mexicanos, que complementan sus arsenales con la pistola Five-seven o «Matapolicías» y los famosos «cuernos de chivo».

El procurador criticó la facilidad con la cual se adquieren armas en Estados Unidos (un derecho garantizado por la Constitución) porque, en sus palabras, la «Segunda Enmienda no fue pensada para armar criminales». Cerró su presentación solicitando a los estadounidenses que transmitieran al gobierno de Barack Obama la petición del gobierno de Calderón de prohibir la «venta de rifles de asalto» autorizada por George W. Bush.

La postura mexicana se mantiene. Felipe Calderón Hinojosa la reitera una y otra vez. En mayo de 2010 incluso dijo ante el Congreso de Estados Unidos: «Si ustedes no regulan adecuadamente la venta de armas, estas podrían ser usadas contra autoridades y ciudadanos estadounidenses». En Washington lo escuchan de manera educada pero no pasa nada porque puestos a elegir entre las vidas de mexicanos y las ganancias de los mercaderes de armas, optan por lo segundo, sobre todo porque quienes defienden la posesión de armas cuentan con la poderosa Asociación Nacional del Rifle (NRA), que tiene un discurso muy bien armado para defender su derecho a comprar y portar armas.

En suma, los cárteles mexicanos tienen garantizados todos los suministros bélicos que necesitan. Aprovechándose de la corrupción, en las aduanas mexicanas se abastecen sin problemas en las 8 mil 479 armerías existentes en Arizona, California, Nuevo México y Texas. De allá proviene 84 por ciento de las armas y municiones con las cuales se nos extorsiona, secuestra y asesina. Ellos se justifican atrincherándose en la libertad y la democracia.

Tenemos unos vecinos hipócritas, porque cuando les conviene sí combaten el tráfico de armas: durante la sangrienta guerra del sudeste asiático bombardearon día y noche el Sendero de Ho Chi Minh utilizado por Vietnam del Norte para abastecer a los guerrilleros del Vietcong; hace poco decretaron un embargo de armas a Libia, y se escandalizan y gritan alarmados ante la ligerísima posibilidad de que México sea utilizado por terroristas para atacarlos.

No todos los estadounidenses son iguales. Un buen número de ellos se preocupa por lo que sucede en nuestro país y están dispuestos a presionar al gobierno de Barack Obama para que frene el contrabando de armas a México. Con eso en mente, Alianza Cívica —organización de la que formo parte— dialogó durante varios meses con grupos como Washington Office on

Latin America y Global Exchange, de Estados Unidos, para establecer una campaña contra el contrabando de armas, haciéndole tres peticiones a Barack Obama.

Los escépticos consideran que campañas como esta son inútiles porque los cárteles se armarían en otro lado. Es cierto, pero pasan por alto que esta campaña tiene objetivos más amplios: uno es llamar la atención sobre una de las causas de la violencia, otro es incluir en la agenda nacional la urgencia de incorporar la cultura de la paz, la justicia y el respeto a los diversos.

Así pues, mi preocupación por las armas viene de que conozco su poder de seducción y destrucción, y de su peso en la cultura de la violencia. Sería utópico esperar que desaparezcan, porque el impulso a la destrucción es parte integral de la condición humana. Por experiencia propia y por lo observado en otros países es realista aspirar a una modificación de los valores sustentada en una «pedagogía de la paz» que incluya la participación ciudadana en acciones tan concretas como el combate al contrabando de armas de Estados Unidos a México. Si en el exterior se originan algunos de nuestros problemas, de fuera puede venir el respaldo que nos ayude a confrontarlos.

SERGIO AGUAYO QUEZADA Nací en un rancho del municipio de Ayotlán en 1947, pero crecí en Guadalajara, la capital de Jalisco, un estado leal a la cultura de la violencia. En el barrio de mi adolescencia, San Andrés, formé parte de una pandilla llamada Los Vikingos, que veía con naturalidad el uso de la fuerza. Soy académico, columnista y promotor de los derechos humanos y la democracia. Tengo estudios de licenciatura en El Colegio de México, donde soy profesor e investigador. Además soy doctor por la Universidad Johns Hopkins.

ORFANDAD

León Krauze

Si se tiene la voluntad de escuchar, el periodismo ofrece un mirador privilegiado para entender, realmente entender, lo que se siente vivir en México a finales de 2011. Ahí están las voces de la desesperación. Pero también están las otras, las que insisten en que no pasa gran cosa o las que, peor aún, insisten en obtener un beneficio político del sufrimiento cotidiano. Por eso, por el privilegio que implica mi profesión, me parece un reto muy particular responder por qué exactamente estoy indignado. En este México es imposible circunscribir la indignación. Sería irresponsable nada más decir que a uno le indigna la violencia y la sangre; es verdad, claro, pero no es suficiente. La barbarie que vivimos —las balaceras, los *levantones*, los decapitados— no surgieron de la nada. Tampoco basta quejarse de la clase política, como también está de moda. Por supuesto que la inmovilidad legislativa, la protección de miserables cotos de poder, el menosprecio de la voluntad del elector, todo eso es reprobable y hasta repugnante. Pero el ejercicio de la democracia no puede comenzar y terminar con los políticos. Esa es, quizá, la gran tragedia del México moderno: nuestra indignación tiene demasiadas caras, versiones, destinatarios. La nuestra es una derrota múltiple.

Intento, sin embargo, un diagnóstico modesto. México está indignado porque hemos perdido incluso la mera semblanza de la justicia. Y no me refiero solo al proceso jurídico, tan maltrecho y elusivo en este país. Pienso también en la justicia moral más básica; casi la justicia *vital*. Alguna vez le pregunté a cierto político de alto cargo en la estructura educativa nacional si, dado el esquema social mexicano, uno podía asegurarle una mejor vida a un estudiante que de principio a fin de su vida académica obtuviera solo calificaciones excelentes. «No —me respondió—: México sigue siendo un país de conocidos, no de conocimiento.» Mala cosa cuando se pierde incluso la mínima posibilidad de progreso social. Y esas son las historias que uno escucha, como periodista, todos los días: de frustración, impunidad y desamparo. Voces que narran el extravío de la justicia.

Pienso, por ejemplo, en Jesús Hernández, de Ciudad Juárez. A principios de junio de 2010, su hijo Sergio Adrián, de 14 años de edad, jugaba —quizá con cierta malicia adolescente, pero solo jugaba— cerca del Puente Negro, en la frontera entre México y Estados Unidos. Sergio Adrián iba y venía entre ambos países, corriendo por el cauce seco debajo del puente. De acuerdo con ciertas versiones, acompañado de otro joven de su edad, Sergio Adrián aventó piedras hacia el otro lado. Algunas cayeron cerca de un agente de la Patrulla Fronteriza. Comenzó una persecución: los niños, aterrados, corrieron hacia México; el agente armado les gritaba. Sergio Adrián se refugió detrás de una de las columnas debajo del Puente Negro. No representaba amenaza alguna; tenía 14 años y pedía clemencia. Pero el agente perdió la cabeza. Sin miramientos disparó contra el muchacho mexicano. Y lo mató. Frente a testigos, frente a cámaras de video: lo mató.

Entrevisté a Jesús Hernández algunas horas después. Era un hombre roto. Apenas pudo hilar un par de oraciones. Enardecido, clamaba justicia. Pero también había algo de culpa en su voz, como si se reclamara no estar ahí, en la frontera, justo cuando su hijo lo necesitaba más. Lo único que Jesús pedía entonces era justicia. Le pregunté qué haría y me aseguró que hablaría con las autoridades. No tenía intenciones de encontrar un abogado; dudo, incluso, que supiera bien a bien qué era un abogado en ese momento de dolor. Lo cierto, sin embargo, es que un abogado lo encontró a él. Con un despacho en Houston, el hombre le aseguró que buscaría resarcir la pérdida de Jesús y, más importante todavía, enviaría a prisión al responsable de la muerte de Sergio Adrián.

Un año más tarde, Jesús Hernández estaba de nuevo en la línea telefónica desde Ciudad Juárez. Un juez en Estados Unidos desechó el caso de la muerte de Sergio Adrián. Jesús no había escuchado la noticia por su abogado, que ya no le tomaba las llamadas: el padre del muchacho baleado a sangre fría se enteró de su particular injusticia, de la indignidad final de su tragedia, por la televisión. Cuando hablé con él estaba desesperado, pero en su voz ya quedaba poco del dolor de los primeros días. El tono de Jesús Hernández era de una profunda, casi primigenia indignación. Me explicó que la corte decidió dejar de lado la demanda porque el agente mató a Sergio Adrián por error. «¡Por error!», gritaba incrédulo a través de la radio, con la voz temblando de indignación. Y entonces se echó a llorar; con más fuerza que aquella primera vez, cuando me contó su historia frente al cadáver de su hijo.

¿Por qué lloraba Jesús Hernández? Lloraba, claro, por la muerte injusta e indigna de Sergio Adrián. Lloraba por la locura que implica que un hombre mayor, armado hasta los dientes, disparara a matar contra un niño que le aventó algunos guijarros. Pero también por algo más complejo. Y es en la naturaleza de su dolor que, sospecho, podemos encontrar la raíz verdadera de nuestra indignación: Jesús Hernández lloraba porque, como tantos mexicanos, vio evaporarse cualquier semblanza de justicia, ya fuera por la negligencia del fantasmal abogado, por la indiferencia de las autoridades mexicanas o por el cruel rechazo de la corte estadounidense; por lo que fuera, Jesús perdió la esperanza de encontrar la justicia más elemental.

A lo largo de estos años he escuchado muchos casos como el de Jesús Hernández. Pienso en la familia Almanza Salazar, víctima de una «confusión» en una carretera en Tamaulipas; perdieron a dos hijos y después la posibilidad de cualquier reparación. Recuerdo a Marisela Escobedo, asesinada frente al Palacio de Gobierno de Chihuahua mientras clamaba por la aparición, aunque fuera fugaz, de la legalidad que dejó en libertad al asesino de su hija. Ahí, frente a la sede del gobierno de su estado, Marisela recibió un tiro en la cabeza. Nada se sabe de su asesino, como tampoco hay gran cosa sobre los asesinos de miles que aprovechan la neblina de este México para dejar a sus víctimas, y al resto de nosotros, despojados de protección alguna.

Alguna vez un radioescucha me preguntó si no me resultaba difícil tener que escuchar las crónicas diarias de esta falta de justicia en México; le respondí que nada me era más complicado. Le dije que lo peor no pasaba por escuchar las distintas versiones, indagar en los hechos; no, lo más doloroso era ese momento sutil que he aprendido a reconocer con el paso del tiempo. Es el instante en que la víctima del atropello confunde al periodista con un extraño proveedor no solo de consuelo, sino de justicia. «Usted tiene que ayudarnos», me dijo alguien al aire hace no demasiado tiempo. Nunca sé qué responder cuando eso ocurre. Ahí, a uno que le pagan por hablar, se le acaban las palabras. Porque, después de todo: ¿cómo consolar a quien se siente desprovisto del más elemental de los derechos? ¿Cómo devolverle la calma y la fe a quien se siente desamparado por la justicia? ¿Cómo hablar de futuro con quien se siente huérfano de patria?

Por eso estoy indignado.

LEÓN KRAUZE TURRENT Nació en la Ciudad de México el 4 de enero de 1975. Es periodista, conductor de radio y televisión y escritor. Publica con frecuencia para la revista *Letras libres* y lo ha hecho también en *Newsweek, The Washington Post, El País, The New Republic* y diversas publicaciones y periódicos mexicanos. Conduce *Hora 21*, el noticiero estelar del canal Foro TV. Su obra *El vuelo de Eluán* fue seleccionada para participar en el concurso «Cartas al autor», organizado por la Feria Internacional del Libro de Guadalajara.

RESPONSABILIDAD

Julián LeBarón

Mi municipio de Galeana está formado por cuatro pueblos en el desierto del noroeste de Chihuahua. En el pueblo que se llama también Galeana viven algunos de mis familiares, ahí está la Presidencia Municipal, hay una maquiladora donde trabajan los chavos del pueblo, un Centro para la Cultura de la Paz donde se dan clases de música, canto, poesía, pintura y cerámica, y se ve a ganaderos, agricultores y una iglesia antigua. En La Angostura vive mi hermana y su familia, también algunos campesinos y un mecánico que es mi amigo y se llama Reyes. Cruzando una loma está el pueblito donde vivo yo, se llama Colonia LeBarón porque fue fundado por mi bisabuelo. Mis antepasados llegaron aquí e hicieron una economía y una comunidad con sus manos, con pico y pala desmontaron los mezquites para sembrar nogales, duraznos y legumbres. Nosotros tenemos una feria cada año que se llama Feria de la Amistad, aquí nos reunimos con otras comunidades y gente de fuera para celebrar y conocernos mejor. También tenemos una escuela que se llama Alma Dayer LeBarón, donde estudié de niño. Ahí van mis hijos a la escuela. Un kilómetro más al sur está el pueblo Abadengo

C. García, apodado *Lagunitas*, donde viven algunos de mis amigos, ahí está el estadio de beisbol. Los *laguneros* cosechan el mejor chile de la región. Cuando era niño comprábamos mandado en la tienda Conasupo de Pancho. Ahí se ubica también la comandancia de policía y hay una plaza donde se hacen a veces conciertos y bailes. Esta región es el lugar donde nací, aquí los ocasos son muy bellos y las estrellas y el cielo de noche relumbran con esplendor. La población en la zona es de más o menos 6 mil 500 personas.

Si comparo esta cifra con lo que ha acontecido en México recientemente, surge una reflexión fuerte, triste y vergonzosa: más de 50 mil muertos, asesinados en estos últimos años. No puedo evitar pensar que son más de siete de mis municipios: ¡es la gente de treinta pueblos como los que yo conocí! ¡Asesinados todos!, con un desprecio y una vileza que causan terror. Nos dicen que es por las armas o por las drogas o algo así, pero ni las armas ni las drogas matan, son cosas que no tienen intención ni voluntad; nosotros, las personas, sí tenemos intención. Y sí tenemos voluntad.

«Pienso irme a hacer mi vida —fue lo que le dije a mi hermano Benjamín LeBarón, mi querido *Benji*, y añadí—: Esto no es lo que quiero para mí, me voy a Estados Unidos a buscar mi destino, estoy cansado de que me digan qué pensar, lo que debo hacer y qué es lo que seré... Quiero saber quién soy yo, qué es lo que quiero y hacer mi vida por mis propios esfuerzos.» La noche que me fui, mi madre, con lágrimas en los ojos, me decía que tal vez era yo muy joven, que me esperara hasta los 16. Mi abuela me abrazó y me dijo que no olvidara nunca de dónde soy; siempre he creído que ella sí confiaba en mí. La extraño.

Benji me dio sus ahorros, que eran unos cienes de pesos, me dijo que si a mí me iba bien entonces me seguía. Yo sentí extraño ser menor que él y que me hablara como si fuera más grande, pero después de que me fui, nuestra amistad siempre fue en esos términos.

Cuando llegué a El Paso, Texas, pensé que me iría para Alaska con mi primo Shawn, pero pasó que mi cuñado Larson me invitó a trabajar con él en San Diego y acepté. Después de unos meses de trabajar juntos me fui, no me gustó lo que hacía, y en Austin mi tío Leonel me ofreció otro empleo. Así me fui de trabajo en trabajo por un rato hasta que Aarón, el esposo de una prima, me invitó y ofreció pagarme por contrato: «Tú pon tanto del techo y te pago tanto», me dijo; pues pronto aprendí que podía ganar cinco o diez veces más así, que vendiendo mi tiempo. Luego ya me ofrecían contratos grandes y fue entonces que Benjamín se vino a vivir conmigo.

Benji y yo trabajamos juntos algunos meses. Le compramos a mi madre una camioneta y estábamos muy felices. Después juntamos dinero para un viaje, él estaba enamorado de Cristina, una muchacha de Cancún, y pues para allá fuimos. Yo ya había comprado la *trocona* que siempre había soñado tener y pensaba que a partir de ahí el mundo entero, y la vida, eran ¡*puro pa'delante*! El trato con Benji fue que conoceríamos México; primero pasamos por la costa del Golfo, donde conocimos Veracruz, y después seguimos a Cancún para ver a Cristina. Durante este viaje pasamos por Guanajuato y la Ciudad de México; cruzamos por Chiapas, en plena guerra con los zapatistas, visitamos las ruinas de Palenque y Chichén Itzá, fuimos a Isla Mujeres, Puerto Vallarta, Acapulco, Mazatlán y muchas otras ciudades, aunque solo de pasadita porque los recursos no nos alcanzaban ni para un hotel, pero dormir en la troca es fácil cuando la aventura es emocionante. Una amiga nos regaló un CD de Enrique Iglesias y como era el único que teníamos y el camino era largo, pues nos aprendimos todas las canciones, y las cantábamos en forma de burla. Hoy cada vez que escucho una de ellas me da risa el recuerdo… y al mismo tiempo tristeza.

Me casé a los 19 años. Benjamín se fue a Las Vegas a trabajar con un tío. Se casó finalmente con Miriam, una mujer adorable. Regresé un tiempo a México porque ya no me gustó vivir en Estados Unidos, después él se vino a Galeana y yo me fui a Minnesota. A pesar de todos estos movimientos, cada uno de nosotros siempre sabía lo que estaba haciendo el otro. ¡Cómo echo de menos a mi hermano! El tiempo es algo muy extraño: lo entiendo no como una cosa en sí, sino como una manera de medir y comparar lo que cambia. Pienso que cada una de nuestras experiencias es personal, única para cada individuo, pero al mismo tiempo afecta todo lo que coexiste en el mundo junto con nosotros. Creo que como personas siempre somos los arquitectos y constructores de lo que la vida significa para nosotros, pero debemos recordar que compartimos el mundo con otros.

En mayo de 2009, cuando secuestraron a Eric, mi hermano menor, decidimos en conjunto, toda mi comunidad, que no pagaríamos el rescate. Sabíamos que eso sería arriesgar la vida de mi hermanito y que muy probablemente no lo volveríamos a ver vivo, pero pagarle a los criminales sería como consentir y aprobar el crimen de secuestro y también ser cómplices de él. Entonces decidimos ir a la ciudad de Chihuahua, la comunidad completa, a protestar y a obligar a las autoridades a que actuaran para regresar a Eric, y también a los secuestradores para que lo devolvieran. Cuando regresó vivo todos creímos que era un milagro y pronto otras comunidades querían empezar un movimiento en contra del crimen, así que lo hicimos: mi hermano Benjamín fue el líder del movimiento SOS Chihuahua. Para entonces era obvio que los ciudadanos organizados son una amenaza muy efectiva contra los criminales.

Cuando prendemos la televisión o la radio y vemos constantemente la sangre, la pobreza y la corrupción por todos lados, es muy difícil creer que la violencia en México tiene solución. Por un lado la muerte, las drogas, los policías corruptos, los políticos mentirosos; por el otro, nuestros deseos y adoraciones. Lo que queremos que sea, parece contradecir constantemente lo que es. Y surgen preguntas: ¿qué nos pasó?, ¿quiénes son los malos?, ¿quiénes son los buenos?, ¿por qué la gente hace lo que hace?, ¿por qué no cambian las cosas?, ¿qué deben de hacer ellos?, ¿qué puedo hacer yo?, ¿por qué en las noticias no dicen los nombres ni las historias de tantos y tantos asesinados?

La terrible noche del 6 de julio de 2009 tuvimos una reunión en las oficinas de una empacadora de fruta para ver cuáles serían los siguientes pasos del movimiento SOS Chihuahua. Benjamín, mi carnal, se subió a mi camioneta después de la reunión y platicamos un buen rato. Allí me comentó que tenía un presentimiento de que algo le pasaría, que sentía un peligro, y me pidió que si le sucedía alguna cosa yo siguiera con el esfuerzo. Me dijo: «Carnal, si algo me pasa, prométeme que no será mi muerte un acontecimiento trivial», y yo le respondí: «No mames, carnal, nada te pasará, tienes buenas *palancas* allá arriba, ¿pues qué no eres el obispo de la Iglesia?». Después nos abrazamos y me fui a dormir.

Dos horas más tarde sonó mi teléfono. Era mi cuñada, histérica, informándome que veinte sicarios llegaron a su casa destrozando puertas y ventanas y se habían llevado a Benjamín y al hermano de ella, Luis, que fue a ayudarlo. Me subí a mi camioneta y cuando llegué se fueron mis primos a seguirlos. Como a dos kilómetros de donde estábamos, en una brecha de terracería, encontraron a mi amado hermano y a mi querido amigo Luis, tirados como perros. Con cuatro balazos en la cabeza cada uno.

Cuando muere violentamente un ser querido, con el alma empiezas a cuestionarlo todo: ¿qué hice mal? ¿A dónde se ha ido? ¿Qué propósito tiene vivir en un lugar donde algo como esto puede suceder? Y las respuestas llevan a otras dudas. Pero ahora, a más de dos años de distancia, sé que el trabajo de resolver en uno mismo las inquietudes más profundas es la única forma de tener felicidad verdadera; sin aceptar esa responsabilidad la existencia no tiene sentido. También sé que para ser feliz es necesario ser valiente y enfrentar la propia vulnerabilidad hasta conocer nuestros límites, es la única forma de crecer.

Como no estoy totalmente seguro de nada, solo puedo hablar de lo que creo, y así diré que atribuyo lo emocionante e intenso que puede ser vivir, a la facultad y capacidad que tenemos las personas de sentir; en intensidad y amplitud. Para eso es necesaria la imaginación, para ponernos en el lugar del otro y de muchos otros. Hay veces en que puede uno invertir gran significancia en las personas, como la novia, los padres, seres queridos, y hasta las cosas y las ideas. Es muy fácil caer en la confusión de que las personas y las cosas son lo que nos hace felices y dichosos, o miserables y desgraciados, pero no es el mundo externo lo que causa nuestros sentimientos, nosotros escogemos siempre cómo es que nos afecta lo externo, uno siempre es quien decide qué lo hará reír o llorar.

He decidido hacer un esfuerzo el resto de mi vida para que nunca jamás ocurra, ni sea aceptable, bajo ninguna circunstancia, lo que les pasó a Benjamín y a Luis, y lo que le ha pasado y sigue pasando a muchísimos mexicanos y mexicanas. Quisiera llegar a conmover la conciencia de todos los mexicanos de buena voluntad, y en especial los jóvenes que serán forjadores del futuro, para cultivar juntos la capacidad de indignarnos y oponernos a la violencia que tanto nos humilla. Hoy estoy convencido de que la solución tendrá que venir de cada uno de nosotros, desde lo más profundo. Benjamín decía que la sociedad más segura no es la que tiene más policías, sino la que está mejor organizada.

A los más jóvenes de México los dejo con una última reflexión: cuando llegaron aquí los conquistadores españoles, cuenta la historia que los antiguos mexicanos esperaban a Quetzalcóatl, un dios en forma de serpiente emplumada que los emanciparía del sufrimiento y la maldad. Así fueron recibidos aquellos extranjeros, como dioses. La confusión y falsas tradiciones permitieron que muy pocos españoles robaran el tesoro de Tenochtitlán y tomaran preso al emperador, con el propio consentimiento del gran Moctezuma; y así, en un acontecimiento absurdo, se destruyó una enorme civilización. Consecuentemente los españoles, débiles en número, tomaron control absoluto del imperio. Por ignorancia esos mexicanos permanecieron como vasallos y esclavos por siglos, y esta humillación sigue perpetuándose de diferentes formas: los mexicanos continuamos esperando que el siguiente político o líder sea aquel Quetzalcóatl que nos salvará. Les pido que acepten la responsabilidad de construir un equipo y reconocer que tienen una gran potencia para construir el país que desean; recuerden siempre que Quetzalcóatl nunca llegó en esa ocasión, sino Hernán Cortés. Y así seguirá ocurriendo mientras no mostremos las agallas para abrazar la dignidad propia.

JULIÁN LEBARÓN Soy mexicano, padre de once hijos y constructor de casas. Soy en gran parte autodidacta, me conmueven en especial la historia, los poetas ingleses, compositores europeos y filósofos del siglo XIX. Creo que la libertad de conciencia vale más que la vida. Soy mormón, creo en Dios y en la tendencia del ser humano de ser compasivo. Veo la experiencia de vivir como una sublime aventura que es muy frágil y efímera, por ello no quisiera desperdiciar un minuto en odios, culpas y castigos. Mi compromiso y propósito de vida es con México y el futuro de mi familia, amo la República que le dio asilo y cobijo a mis ancestros y creo que la no violencia es el único cimiento en el cual se puede construir la paz.

RESPETO

Lol Kin Castañeda

Cuando me enamoré por primera vez de una mujer supe que asumir esa relación, y vivirla públicamente, sería algo definitorio para mi felicidad. A ella la conocí al terminar la licenciatura y después de ser buenas amigas nos enamoramos. Sabía que cuando una mujer «decente» formaliza un noviazgo, «deben» presentarse ambos (ella y él) con las familias, para que se haga un «pacto social» de respeto. Así lo hice con cada novio que tuve y esta no fue la excepción. Obviamente, si ya era mi novia, lo que seguía era presentarla con mi familia, por aquello de la «decencia». Mi familia, con todo el amor y el respeto que me tiene, nos recibió sin más; pero con su familia experimenté en la piel una realidad de discriminación por ser lesbiana, y prejuicios y violencia por haberme enamorado de su hija. Resistimos insultos y malos tratos sin entender por qué se nos trataba así. Además, esa declaración de amor me hizo perder una serie de derechos y garantías por una interpretación moral del derecho. A muchas personas les sorprende que las lesbianas y los homosexuales seamos mujeres y hombres; no entienden que al haber nacido en este país somos también mexicanos y tendría que proteger nuestros derechos la Constitución, como a cualquier otra persona.

Hace un par de meses mi tío Güero, hermano de mi mamá, falleció súbitamente. Él era un gran pintor y me enseñó muchas cosas lindas, como si fuera un padre para mí. Siempre supe que mi tío era homosexual, pero jamás lo hizo público por el gran conflicto que esto generaba en mi abuela. El día que lo velamos mi mamá, en medio de un llanto profundo, me dijo: «Ojalá tu tío hubiera podido ser tan valiente como tú». Las dos sabíamos a qué se refería y lo importante que es ser feliz cada día y correr tras nuestros sueños hasta alcanzarlos.

Nací en la Ciudad de México en 1976. Mi mamá y papá se separaron cuando yo tenía 6 años y de esa fecha en adelante vivimos en casa de los abuelos maternos —quienes fueron como otros papás para mis hermanas y para mí—; además, vivían allí los dos hermanos de mi mamá, quienes siempre nos cuidaban y consentían. Tres generaciones bajo un mismo techo, compartiendo miradas. Nos educaban con valores caducos como el clasismo, el sexismo y la homofobia de mis abuelos, frente al respeto absoluto y la generosidad de mi madre y sus hermanos.

Mi madre y yo tuvimos una relación de mucho amor, jugábamos todo el tiempo. Ella confiaba en mí: me enseñó que debía respetar y convivir con todas las personas de la comunidad «porque aquí perteneces —decía—, y algún día pueden ayudarte». Aunque sus posibilidades económicas eran muy limitadas, siempre nos dio cuanto pudo y muy pronto me definió con una frase: «Si quieres que las cosas salgan como esperas, consiéntete tú misma». Ese fue el mensaje que me dio en una tarjeta cuando cumplí 8 años y significaba que mis sueños y metas debía construirlas con disciplina y constancia, porque solo dependía de mí lograrlos o dejar de soñar.

Mi paso por la universidad fue determinante. Como consejera académica allí comencé a defender los derechos de las y los estudiantes en la UAM-Xochimilco; hacía asambleas e iba de salón en salón informando de lo que sucedía en el Consejo, la máxima instancia de toma de decisiones en nuestro plantel. De la mano de otras compañeras y compañeros de distintas carreras, me involucré también en la defensa de los derechos humanos de grupos indígenas, particularmente en Chiapas, con comunidades que se identificaban con el EZLN. Participé en brigadas de paz y haciendo trabajo comunitario. Eran momentos de soñar y de construir las pequeñas revoluciones desde el ámbito de la incidencia personal; estas son las que van transformando las realidades colectivas.

Conocí a Judith hace nueve años en un grupo donde ella hacía activismo desde la teología de la liberación en una pastoral de la diversidad sexual. Es una mujer encantadora que siempre está dispuesta a poner las manos ahí donde pueden transformar. Hoy tenemos casi ocho años de habernos enamorado y de vivir juntas, cada una construyendo su propio proyecto, pero con un compromiso común: la justicia social.

Antes, Judith y yo vivíamos en estado de indefensión jurídica. Hoy somos el primer matrimonio de lesbianas en América Latina. La nuestra es una historia de amor y dignidad que implica una gran responsabilidad social, la que ha sido consecuencia de mi formación y es determinante en mi activismo.

Cuando iniciamos nuestra relación nos involucrarnos como activistas en distintos temas de derechos humanos, cada una desde su formación. Hacia 2007 comenzamos a participar en la organización de la Marcha del Orgullo de la Ciudad de México, porque era lo que podíamos aportar de manera voluntaria para transformar nuestra realidad desde el movimiento social de lesbianas, gays, bisexuales y personas transexuales, transgénero y travestis (LGBT).

Teniendo clara la importancia de la Marcha del Orgullo y la urgente necesidad de modificar las leyes, como coordinadora del evento propuse desarrollar jornadas culturales, seminarios y foros para plantear los problemas que enfrentábamos y poder construir argumentos que nos ayudaran a garantizar con leyes cubrir los vacíos que existían.

Puedo decir que muchas organizaciones se sumaron al esfuerzo, mientras que hubo quienes no resistieron el proceso de organización colectiva y la pérdida de poder cupular, desatando un serio ataque en contra de Judith y de mí. Nos descalificaban por el simple hecho de ser mujeres. Aunque podría parecer una contradicción ser gay y ser misógino, tal situación deriva de nuestra educación porque el sexismo y la misoginia son culturales.

Aprendemos líneas discursivas que aseguran el control social: ser decente es casarte, indecente es vivir en unión libre; natural es un embarazo, antinatural es tener relaciones sexuales por placer y usar anticonceptivos; normal es ser heterosexual, anormal es no serlo. Esos discursos dan paso a la ignorancia, los prejuicios, el miedo y la discriminación. Así aprendemos a relacionarnos con otras personas y creemos que cualquiera que sea distinto a eso que llaman «decente» merece ser extinguido.

Aunque tardé en entender estas contradicciones, para mí nada valía más la pena que poner todos mis esfuerzos en lo que creía: el trabajo colectivo, el cumplimiento de los acuerdos, discutir y asumir las decisiones colectivas, sabiendo que en la medida en que esto se logre la sociedad cambiará; y así Judith y yo tendremos más derechos garantizados.

Durante el proceso electoral de 2009, David Razú presidía el Partido Socialdemócrata en el DF y me invitó a participar como candidata ciudadana a una diputación local. Fue una decisión difícil porque me importaba seguir construyendo en el movimiento social, pero algunas organizaciones me mandataron a participar dentro del proceso mediante un acuerdo: las organizaciones haríamos la agenda de derechos y esta sería inscrita en la plataforma del partido; así, quien ganara tendría que defenderla. David aceptó el compromiso y luego construyó en la Asamblea Legislativa los acuerdos políticos necesarios para lograr esta evolución en la defensa de los derechos humanos.

Hacia mediados de septiembre de 2009 comenzamos a llamar a las organizaciones y activistas a discutir las posibilidades de apoyar el tema, las estrategias y los escenarios. Muchas y muchos compañeros se comprometieron y formamos una red social desde donde depositamos toda la energía: sociedad unida por el derecho al matrimonio entre personas del mismo sexo. Llegamos a sumar más de 300 organizaciones nacionales e internacionales de derechos humanos, LGBT, de mujeres, de la academia, así como un gran número de personajes públicos.

La participación ciudadana fue determinante para informar, discutir, cuestionar, aportar, y sobre todo para no permitir que la violencia, la discriminación y los prejuicios nos desmovilizaran, ya que ante la falta de argumentos para detener este avance los grupos más conservadores comenzaron a generar discursos de mucha violencia. Para mí fue un momento de gran compromiso, ya que tenía que estar disponible para avanzar en la estrategia de la mano de las y los compañeros. Dormía tres horas diarias y si acaso hacía una comida al día.

Hubo violencia, amenazas personales y descalificaciones no solo por parte de las asociaciones religiosas, también de los grupos conservadores del Partido Acción Nacional (PAN), y vergonzosamente, de un puñado de gays que, siguiendo a la diputada federal lesbiana Enoé Uranga, intentaron desmovilizar a los grupos sembrando el miedo a la derrota y promoviendo la ignorancia con discursos por demás discriminadores y mentirosos.

Hicimos a un lado la violencia porque teníamos a nuestro favor los argumentos y el sustento jurídico para avanzar, el compromiso de la Asamblea, el empuje de la sociedad civil y el respaldo de Marcelo Ebrard, jefe de gobierno de la Ciudad de México, y de la Consejería Jurídica, así que cada vez que públicamente había una descalificación, más se fortalecía la evidente necesidad de no mantener esa desigualdad de derechos; hasta que ganamos.

No hay nada mejor que saborear el triunfo legislativo: inscribirse en la historia para construir formas de relación que aspiren a la igualdad y la justicia como valores de la democracia. Este fue un triunfo no solo para lesbianas y homosexuales, sino para toda la sociedad.

En esta sociedad, todas y todos somos heterosexuales hasta que se demuestra lo contrario. Nos educan con modelos aspiracionales únicos, tanto a las mujeres como a los varones. Para mí era muy fácil saber cuáles eran las expectativas que debía cumplir como mujer para ser feliz: casarme, tener hijos y sacrificar cualquier anhelo personal «por el bien de la familia». Por otro lado, anhelaba desarrollarme profesionalmente y tener una pareja con quien poder crecer en libertad. Decidí defender mi autonomía, y a pesar de los temores de mi abuela, mi madre supo respetarla.

Me siento muy feliz de haber participado como agente de cambio en un movimiento social que, a cuarenta años de distancia, ha servido para lograr una gran transformación. Cada vez que conozco historias de amor y dignidad que pueden aspirar a una vida plena, sin tener que ocultarse de nada ni de nadie, sé que ha valido la pena cada esfuerzo. El temor y la ignorancia no pueden hacernos desistir cuando la meta es la libertad y la dignidad.

Uno de nuestros primeros lemas fue «Lucha con nosotras lo que quieras para ti»; a la distancia, esa sigue siendo una invitación a participar y transformar, de par en par, nuestras realidades.

Hace algunos años me puse muy grave y Judith me llevó de emergencia a un hospital privado. Ahí no la dejaron tomar decisiones médicas por mí porque «no era mi familia»; solo le permitieron asumir el pago. Eso no va a volver a suceder.

El hecho de que hoy nuestra familia sea reconocida legalmente es muy importante para nosotras, para Judith y para mí, porque podemos tutelar una a la otra y nadie va a despojarnos del patrimonio que hemos formado. Además, a futuro, anhelamos ser mamás.

Hacia delante queda el gran reto de que cada una(o) sea capaz de respetar a quien está enfrente, o a un lado, porque ser lesbiana, homosexual o heterosexual no nos hace *per se* buenas o malas personas, sino lo logran la educación y los valores que aprendemos; eso es lo que vuelve a una persona ética o corrupta. Si a un niño sus papás le permiten robarse las propinas de las mesas, seguramente crecerá transgrediendo los derechos de las personas. Si en cambio le enseñan a valorar y respetar el trabajo de quien sirve mesas, con seguridad aprenderá a respetar su persona y su trabajo.

¿Tú qué tipo de persona eres?

LOL KIN CASTAÑEDA BADILLO Mi formación es como psicóloga social y especialista en Estudios de la Mujer y en la elaboración de políticas públicas contra la desigualdad. Soy lesbiana feminista y activista por los derechos humanos. Disfruto mucho una plática con un buen café, cocinar, andar en bicicleta y jugar con mis cinco perros; si pudiera tendría cinco más. En cada lugar al que voy me gusta conocer sus mercados, museos y zonas arqueológicas. Anhelo poder seguir construyendo la igualdad, cada día, desde donde esté.

RESISTENCIA

Alberto Ruy Sánchez

Aquella tarde, con claridad e indignación, Alberto Manguel, el reconocido historiador de la lectura, afirmó algo que debería ser evidente y sin embargo desafiaba las creencias del conformismo de izquierda y de derecha: «Quien piense que es más importante comer que leer está aceptando una degradación del ser humano».

Tanto los ambiciosos neoliberales que gobiernan la economía de muchos países como los izquierdistas primitivos y modernos están acostumbrados a pensar y defender la idea de que todo aquello que es cultural, simbólico, estético, es lateral y secundario en la vida y hasta prescindible. «Lo esencial —afirman— es aquello que sucede en el ámbito económico y político. Lo demás no es significativo.» Estábamos en una reunión internacional sobre bibliotecas y un funcionario se había lanzado afirmando con arrogancia que era necesario reducir las bibliotecas públicas porque eran un gasto inútil y no prioritario para la sociedad. Dos intelectuales de izquierda protestaron por esa política de reducción pero afirmaron antes que estaban de acuerdo con esa idea de las prioridades sociales. De hecho, desde entonces, en países ricos como Canadá e Inglaterra ha habido un recorte y cierre de bibliotecas públicas con esos mismos argumentos.

Fue inútil que alguien mencionara y demostrara que la economía estaba mucho peor cuando fueron creadas esas bibliotecas, o que se dieran testimonios de lo importantes que han sido en la vida cotidiana de miles de personas, y que explicara cómo esas ideas de aparente justicia social, sacrificando la dimensión cultural, eran discriminatorias. Habló también un periodista, presentado como director de un importante periódico local, pero tuvo la necesidad de aclarar que era tan solo el editor de eso que llaman en los periódicos *soft news*, las noticias blandas o de segunda categoría, prescindibles o de relleno, es decir, las culturales, por debajo en importancia de las noticias duras o *hard news* de la política y la economía. La afirmación de Manguel resultaba por lo menos incómoda. Estaba diciendo a todos que su manera de pensar y organizar el mundo era de una miseria vergonzosa, que nos estaban considerando humanos degradados, reducidos a consumidores elementales. Y que ese pensamiento era indignante.

Pero todos sabemos que esa actitud de arrogancia de los poderes no es excepcional y que aceleradamente se va convirtiendo en la normalidad de todos los horizontes: construir y conservar bibliotecas importantes es considerado un gasto superfluo. Enseñar filosofía en las escuelas: un gesto inútil. Por mencionar dos grandes temas recientes en México. Pero lo mismo sucede en la edición, donde hasta en las casas editoriales poderosas, y sobre todo en ellas, los libros vinculados a las «noticias duras» son prioritarios y más rentables aunque sean desechables. Y el resto de los libros tiende a ser juzgado por esa misma norma de rentabilidad inmediata. Hasta a los lectores se les considera prioritariamente consumidores elementales de bienes materiales o de acarreos políticos. Indignante.

En su inspirador manifiesto contra la indiferencia Stéphane Hessel nos recuerda que en la Declaración Universal de los Derechos Humanos se mencionan en igualdad jerárquica los «derechos económicos, sociales y culturales, indispensables para la dignidad *de cada persona* y para el libre desarrollo de su personalidad». Organizar la vida, las instituciones, incluso el intercambio de bienes estableciendo esa jerarquía despreciativa de la cultura, la creatividad, el pensamiento, es claramente un principio de atentado en contra de los derechos humanos.

A nivel comunitario, resulta indignante que se vea con naturalidad la destrucción de la diversidad cultural de nuestros países con el pretexto de que defenderla es frenar el progreso o instalarse en la nostalgia: la economía, y sobre todo la macroeconomía por encima de toda realidad diminuta de la diversidad cultural. Rebelarse contra esta jerarquía, ejercer la creatividad «inútil» según los poderes, propagarla, gozarla, compartirla, son actos de rebelión elemental que vivifican nuestras dimensiones perdidas o en grave peligro de agresión.

Casi al final de su vida, a los 80 años, Herbert Marcuse, el filósofo de izquierda que iluminó todos los movimientos de los sesenta y setenta, el padre de los movimientos estudiantiles del siglo XX, el crítico radical y visionario del *Hombre unidimensional* que ya perfilaba la globalización como se vería al terminar su siglo, lanzó un nuevo reto al pensamiento político. En un librito de unas cuantas páginas llamado *La dimensión estética,* subtitulado *Por una crítica de la estética marxista,* propone una idea inmensa y a contracorriente: exige prestar una atención especial a la dimensión estética de la vida como primordial para cualquier cambio social verdadero. Y lo hace como una crítica radical a las ideas marxistas tradicionales que consideran al arte y a la cultura en general como reflejo fiel o distorsionado de la economía; esto incluso negando otras posiciones sobre el tema en sus propios libros. Dice que se ha vivido una alarmante desvalorización de la subjetividad, y que por eso se ha privilegiado al arte realista; a la literatura que explota la misma «ilusión de realidad de la que se aprovecha el periodismo». Ambas, subjetividades disfrazadas de realidad. Para el escándalo de muchos dijo: «Solo el arte que trasciende la realidad inmediata rompe la supuesta objetividad ilusoria de las relaciones sociales establecidas y abre una nueva dimensión de la experiencia: es el renacimiento de la subjetividad rebelde. [...] El arte así es una fuerza disidente».

En contra de quienes desprecian al arte que no sea reflejo fiel de la realidad que describen los medios de comunicación o que no sea expresión directa de opiniones, Marcuse afirma: «El mundo del arte es el de un *principio de realidad* diferente, el principio de alteridad. Y únicamente por esa alteridad el arte cumple su función de conocimiento: dice verdades que no son comunicables por ningún otro lenguaje, el arte *contradice*».

Marcuse niega la importancia que se da a sí mismo el arte que se llama «comprometido» con una causa política o con una realidad social, afirmando que es un arte que claudica de los poderes del arte gratuito. El arte que difiere de la realidad tiene una gran «potencia emancipadora».

Las implicaciones de esta afirmación van muy lejos. Por ejemplo: reivindicar la belleza de una ciudad es derecho de los ciudadanos, y una ciudad fea es un atentado contra ellos. La dimensión estética de la vida cotidiana en última instancia es política también.

Así Marcuse, el filósofo de la escuela de Fráncfort, el maestro de Habermas, da la razón a quienes a lo largo de la historia de la literatura y de las culturas han defendido la rebelión de las formas artísticas como parte indisociable de su contenido, la rebelión de la sensibilidad como condición necesaria contra la servidumbre material de las personas.

La rebelión por la dimensión estética implica también una reivindicación de los poderes del poema: si la poesía, esa manera tan antigua, existe todavía, no es porque sea decorativa sino porque es como un bisturí que penetra en dimensiones humanas donde ningún otro tipo de escritura o de arte puede hacerlo. Ni la economía ni el psicoanálisis ni la sociología pueden explorar, conocer, mostrar las zonas de la sociedad y de las personas que la poesía revela. La revelación poética es una forma de rebelión aunque a los ojos de algunos no lo parezca.

Una frase extraña me hipnotizó cuando tenía 16 años y leí en México las crónicas de la rebelión estudiantil de mayo del 68 en Francia: «Bajo los adoquines están las playas». Los adoquines de las calles de París, unos cubos de piedra de diez centímetros de lado, eran arrancados del empedrado por los estudiantes para levantar barricadas contra los ataques bárbaros de la policía antimotines. Y la frase era una llamada de atención sobre la esperanza que había más allá de las barricadas, de la protesta: un recordatorio de que la rebelión era para alcanzar aquellas playas anheladas que podríamos llamar «una mejor sociedad». Pero la frase lo decía de una manera sugerente, rica en interpretaciones posibles, nada directamente aleccionador o demagógico. Era, simplemente, un poema.

Cuando muchos años después llegué a vivir a Francia, donde mi novia Margarita de Orellana me esperaba, esa fue la primera frase que vi escrita en un muro del Barrio Latino como grafiti provocador y crónica instantánea de lo que estábamos viviendo porque, por casualidad, desde la primera tarde nos vimos involucrados en una manifestación que terminó con los estudiantes atrincherados en esas manzanas y la policía rodeando las entradas a las callejuelas laberínticas. Cuando comenzaron a levantar adoquines noté que al embaldosar las calles esas piedras cúbicas son puestas sobre una capa de arena que parece de mar; así descubrí que, literalmente, «bajo los adoquines están las playas»: la frase que me fascinaba era mejor todavía. No inventaba una realidad pero tampoco era reflejo llano de ella: a partir de la materialidad evidente señalaba un horizonte lejano y deseable, inventaba un puente sensorial, emotivo y bello hasta él. Por eso, con más razón aún, esa sentencia se me presentaba como un poderoso poema. Esa es una estética de la resistencia que con frecuencia está ausente en nuestros movimientos, faltos de imaginación, de palabras e imágenes que hablen de lo que rebasa a la lucha, lo que está más allá, lo que se persigue a mediano y largo plazo.

Una estética de la rebelión no es lo mismo que una rebelión por la estética. Y es esta última, creo yo, la que transforma radicalmente todo el paisaje de nuestra vida cotidiana, nuestra percepción del mundo, nuestra resistencia sensible a la violencia y al discurso reiterativo de ella como normalidad inevitable. Otras rebeliones, aunque no sean estéticas, se nutren de la dimensión estética de la vida si sabemos cultivarla, hacerla crecer en nosotros y en nuestro entorno, propagarla y aumentar su calidad y profundidad.

Por eso, cuando regresamos a México después de haber estado fuera casi ocho años, Margarita y yo, cómplices en este sentimiento estético y en esta sed de transformación de la percepción de nuestro país, experimentamos el deseo de señalar y estudiar, comprender y difundir esas dimensiones estéticas a las que no siempre se da importancia y que cuando son mencionadas o estudiadas se consideran manifestaciones secundarias, despectivamente folclóricas o casuales. El mejor instrumento para lograrlo ha sido desde hace dos décadas un proyecto de investigación y difusión de lo mexicano que se llama *Artes de México*, donde retomamos el nombre de una publicación anterior y la reformulamos para sumar, al placer de contemplar, el placer de comprender, y para afirmar a través de lo mejor de las artes del país todo lo asombroso que hay en la variedad de sabidurías que impregnan a esas prácticas creativas a lo largo de un territorio lleno de comunidades diversas e incesantes invenciones y reinvenciones. Parte de nuestra meta es contagiar el sentimiento de que lo mejor de México está en su creatividad pasada, presente y futura, y vale la pena preservar sus posibilidades de existencia, como tesoro pero también como instrumento de salvación social, de rescate de las dimensiones humanas más ricas con las que contamos. Y hacerlo al mismo tiempo por medio de una edición de excelencia artesanal impecable.

En momentos de crisis las sociedades suelen volverse obsesivas y monotemáticamente catastróficas; se les vuelve imposible pensar en salidas posibles. Es interesante que varios relatos y leyendas antiguas de China y de la India, dos de las más antiguas civilizaciones sobre el planeta, nos hablan de pueblos que en momentos de crisis materiales agudas adquieren una especie de enfermedad mental que consiste en que todos los miembros de esas sociedades comienzan a pensarse y a verse bajo un solo ángulo obsesivo. Su pensamiento se uniformiza. Mantienen puntos de vista distintos pero situados en la misma dimensión. Dejan de ser creativos para ser polémicos solamente. Disputan, no construyen, se ven a sí mismos en callejones sin salida; en esas leyendas, terminan por matarse unos a otros.

En la dimensión estética de México están nuestros mejores frutos y en ellos las semillas de lo posible.

ALBERTO RUY SÁNCHEZ «Me indigna que se vea con naturalidad la destrucción de la diversidad cultural de nuestros países con el pretexto de que defenderla es frenar el progreso o instalarse en la nostalgia. Hay que ejercer la creatividad "inútil" según los poderes, propagarla, gozarla, compartirla; estos son actos de rebelión elemental que vivifican nuestras dimensiones perdidas o en grave peligro de agresión.» Alberto nació en la Ciudad de México el 7 de diciembre de 1951. Hijo de padre y madre originarios del norte, de Sonora. Vivió en París ocho años; terminó un doctorado y se hizo editor y poeta. Su obra literaria apela a todos los sentidos: erotismo que mueve al alma sin consideraciones. Dirige la revista *Artes de México*, uno de los regalos más generosos que los mexicanos podamos recibir. Es un hombre que busca la playa oculta bajo las piedras.

INFAMIA
Blanca Heredia

La escuela tendría que ser el lugar donde un niño descubre que tiene alas propias y aprende a usarlas; aprende a usar su mente. Pero, como eso no pasa en México, ocurre que lo que te tocó en la lotería genética y socioeconómica, y que nada tiene que ver con tu voluntad, acaba determinando tus posibilidades de ser en el mundo, y tus capacidades se quedan dormidas, no se desarrollan, se desperdician.

Yo tuve suerte, a mí la escuela me cambió la vida. Nací en una familia de clase media y mi destino parecía ser volverme ama de casa y madre; usar todas mis capacidades para tratar de sobrevivir y existir a través de otros: mi marido y mis hijos. La educación que recibí en la escuela movió la trayectoria terca a la que me destinaban la ocupación de mi padre y la escolaridad de mi madre. Me dio la posibilidad de armarme una vida distinta a la heredada, me dio las herramientas para elegir mi profesión y mis amigos, para hacer de los libros mi casa, y de las ideas y las palabras mi medio para ganarme la vida.

Tuve suerte, mucha suerte. Gracias al empecinamiento de mi hermana mayor pude escaparme de la escuela de monjas que quedaba a la vuelta de mi casa, en la que tenían previsto inscribirme mis papás «para estudiar en una muy buena escuela». Todo esto ocurría en los años sesenta y setenta. En aquellos tiempos el origen pesaba como lastre sobre los prospectos de cualquiera de nosotros, pero había algunas salidas, sobre todo si eras buen estudiante. El país crecía, generaba empleo y muchas escuelas podían hacer el trabajo que le toca a cualquier escuela digna de tal nombre: abrir a cada uno de sus alumnos más futuros posibles.

Las crisis de los años ochenta y noventa volvieron a cerrar las salidas. Y hoy, como durante la mayor parte de nuestra historia de privilegios y de desigualdad rancia y podrida, *origen es*, casi irremediablemente, *destino*. Pero no son solo las escuelas, es toda la sociedad. En México la educación no parece demasiado importante, lo que cuenta es el origen; el mérito sirve de poco y los que a pesar de todo se empeñan en ser buenos estudiantes no caben bien, nada bien, en esta película.

Alejandro tiene 11 años y vive en Tepoztlán, en el estado de Morelos. A fines del año escolar pasado obtuvo el primer lugar en el examen de conocimientos aplicado en la zona. «Muchas felicidades, debe usted sentirse muy orgullosa», le digo a su madre, quien trabaja como empleada doméstica en la casa del pueblo donde estaba yo pasando el fin de semana. Me responde: «Gracias, señora, sí, estoy muy orgullosa de mi Alejandro, pero no se crea, ha sido difícil. Sus compañeros andan muy envidiosos, lo molestan, le dicen que es un matado, y desde que se sacó el primer lugar de la zona ya no quieren que juegue futbol con ellos. Encima, su abuelo nos dice a mi marido y a mí que ya dejemos a Alejandro en paz, que para qué tanto estudio si al final a lo más que va a llegar es a velador de alguna buena casa de las de por aquí. La cosa esta difícil pues es el abuelo el que paga las clases extras, de inglés, francés y matemáticas avanzadas. No sé cómo le vamos a hacer. Yo quiero que mi Alejandro siga por donde va, es rete bueno, señora, es rete listo, pero no veo cómo hacerle».

Insisto, a mí la escuela sí me cambió la vida. Pero me indigna que la escuela mexicana cambie muy pocas vidas. En este país nuestro, las escuelas ofrecen a los niños y jóvenes un lugar donde pasar algunas horas del día; con ello se evita que anden en la calle o tengan que quedarse amarrados a un mueble mientras sus padres trabajan. Las escuelas mexicanas también enseñan a los alumnos que si, frente a un experimento, sus ojos les muestran algo distinto de lo que dice la maestra, ellos tienen que optar por lo que afirma la maestra, pues esto es lo que determina su calificación. Así aprenden que en México lo que cuenta no es el contenido de verdad de una aseveración cualquiera, sino *quién* la dice. Las escuelas del país no desarrollan la capacidad de los estudiantes para pensar por sí mismos, expresar sus ideas y resolver problemas. Por eso, para uno de cada cuatro de nuestros estudiantes de 15 años un texto en español, su lengua materna, es igual de comprensible que un texto en sueco para mí (o para ellos).

En México, el acceso a educación de alta calidad está reservado para aquellos que pueden pagarla y, como cuesta mucho, solo pueden acceder a ella quienes provienen de los hogares con mayores ingresos. A los de nacimiento, los alumnos de altos ingresos pueden así añadir las ventajas y beneficios de una buena educación. El resto, la inmensa mayoría, se queda atrapado en sus desventajas de origen, y la brecha entre ambos grupos se sigue ampliando.

A mis casi 51 años me indigna y me duele una brillante neurocirujana en potencia que nunca tuvo siquiera la posibilidad de saber que podía llegar a serlo y que terminará lavando ajeno. Me indigna y me duele un posible tenor que, en lugar de haber cantado en el Carnegie Hall de Nueva York, se quedará de franelero chiflando canciones tristes.

Me lastima, y a ratos me enloquece de rabia, el desperdicio de todo ese talento potencial del que disponemos para construir túneles y puentes a prueba de terremotos; para resolver nuestro problema de agua y exportar a otros esa tecnología; para inventar la próxima aplicación más vendida de Apple; para desarrollar el tratamiento que permita revertir la mutación genética precisa que impide a los que la padecen beneficiarse de las quimioterapias más modernas; o para poner sobre lienzos y pentagramas esas emociones arrebatadas y potentes que nos definen y que, además, se venden tan bien en los mercados internacionales.

Me lastima este desperdicio salvaje de toda la riqueza que deja de producirse y me lastima, también, por las toneladas de violencia y odio hacia uno mismo que, inevitablemente, se producen al vivir en una sociedad donde lo que uno consigue tiene poco que ver con el trabajo invertido; en la que hay tan pocas oportunidades para destacar en lo que puedes hacer bien y, por consiguiente, no hay muchas ocasiones para sentirte orgulloso de ti mismo.

Daniela tiene 16 años, es mexicana y vive en Nueva York. Entrena natación de cinco a siete de la mañana dos días a la semana. Fuera de esto se la pasa estudiando. Quiere ser médico y su meta más inmediata es ser parte del 6 por ciento de los solicitantes que son admitidos cada año en Harvard. Daniela quiere estudiar Medicina en esa universidad o una de calidad similar. «¿Te has arrepentido, alguna vez, de haberte venido a vivir a Estados Unidos?», le pregunto a su papá, un exitoso banquero de inversión que emigró a Nueva York hace ya casi veinte años. Juan me responde con una contundencia que me asombra: «No, Blanca, no me arrepiento. En México me hubiera ido tan bien o incluso mejor que aquí, pero Estados Unidos les amplió a mis hijas el menú de opciones de vida posibles. Aquí han podido descubrir para qué son buenas y han invertido todo su esfuerzo en desarrollar al máximo sus talentos. Daniela es muy estudiosa, le encanta aprender y trabaja muy duro, y en Estados Unidos todo eso sí paga. Si quieres entrar a una muy buena universidad, aquí no basta que tus papás tengan lana, tienes que chambearle fuerte. En México, en cambio, ser *nerd* no solo no paga, ¡cuesta! Esto lo confirmo cada vez que viajo a México. Para los hijos de mis amigos, lo *cool* es andar en el precopeo, vivírsela en los antros, salir mucho de viaje. Esos chavitos se sienten merecedores de todo, no les importa la escuela, no tienen que esforzarse en nada, saben que tienen el futuro asegurado. Si me hubiera quedado en México, mis hijas andarían muy probablemente en ese mismo rollo, se habrían perdido de saber para qué son buenas y de probar a qué sabe lograr lo que te propones. No, Blanca, no me arrepiento para nada».

Se nos ha ido secando y endureciendo la piel a todos. Ya casi no tenemos mirada para ver este desierto que nos inunda. La poca indignación que a ratos logramos juntar se queda con demasiada frecuencia en exabruptos efímeros, en palmoteos inútiles y en discursos vacíos. Para empezar a limpiar este tiradero está faltando indignación fresca, imaginación desbocada, exigencia decidida y resuelta de los que más tienen que perder: los niños y los jóvenes de un país que se olvidó de ellos y que los defrauda cada mañana y todas las mañanas en sus salones de clase.

¿De dónde vendrán las fuerzas capaces de mover a todos esos millones de mexicanos jóvenes que ya no creen que es posible cambiar nada y que encima no nos creen ya nada a nosotros, los adultos? Quizá vengan del ejemplo concreto y a todo color de lo que sí están haciendo otros como ellos. Por ejemplo, los estudiantes chilenos manifestándose este año en las calles, pacíficamente y a pesar de la brutalidad policiaca, contra un sistema educativo excluyente, exigiendo que el acceso a la mejor educación sea sin más condición que hacer bien tu trabajo de estudiante, un derecho universal del que nadie puede privarlos y de cuyo disfrute efectivo sea responsable la colectividad.

¿Saben los jóvenes chilenos algo que no sepan los mexicanos? ¿Serán acaso más valientes, más listos? ¿O será, simplemente, que este año ellos respiraron hondo y se aventaron, se agarraron de cualquier cosa que los conmoviese, una frase suelta, un *tweet*, una imagen en la tele, y se lanzaron a la aventura, peligrosa, sí, pero gozosa también, de exigir junto a otros lo que es suyo: su posibilidad de un futuro propio? Ellos cerraron los ojos y se atrevieron a soñar que era posible, y al lanzarse a exigirlo entre gritos, saltos, sustos, sudores y risas, empezaron, desde ya, a hacerlo posible.

Ojalá que una masa crítica de jóvenes mexicanos, de todos colores y sabores, se anime a reclamar su derecho a ser lo que pueden ser, a darse a ellos mismos y a todos, todo lo que pueden dar. Hay riesgos, claro; ningún cambio que valga la pena puede hacerse desde la comodidad de un sillón. Pero en el acto mismo de exigir hay una oportunidad para merecer lo que se exige, y eso sabe muy rico y no tiene por qué ser solemne u horrorosamente aburrido. Es más, para que funcione tendría que ser excitante, divertido, luminoso. Sí vale la pena y sí es posible. Basta acordarse de los chilenos, o de los egipcios, o de los húngaros en su momento, o de esos mexicanos gracias a quienes en este país existen todavía espacios en los que vale la pena estar vivo.

Por último quisiera decir, para lo que pueda servirle a los jóvenes de hoy, que conviene saber que la rabia puede ser una buena chispa para prender la mecha del cambio necesario pero tiende a agotarse rápido, o bien termina convirtiéndose en un amasijo de pus y de sangre. La pura furia, al final, solo produce más furia. El cambio tiene que venir de otro lado.

El impulso, las ganas, la sacudida que nos mueva a dejar el confort y a construir otro mundo, tiene que venir de lo que nos conmueve hasta el fondo, de lo que sabemos que es bueno y justo no solo para mí, sino para todos. Tiene que venir de la convicción palpitante, del deseo irrefrenable de defender nuestra dignidad, o dicho de otra manera, de defender con determinación absoluta el derecho a ser respetados en eso que nos hace humanos y de lo que nadie tiene derecho a privarnos.

La materia de la que está hecha la dignidad cambia en el tiempo y en el espacio; no está dada, hay que definir con otros en qué consiste, hay que trabajarla, hay que luchar por ella, pero no hay ninguna batalla ni ninguna fiesta que valga más la pena. De eso se trata la aventura inacabada e inacabable de ser humanos y no ratones, peces o elefantes. Justo de eso se trata.

BLANCA HEREDIA Curiosa insaciable y optimista (a ratos casi delirante) sobre la posibilidad de reconciliar cosas que parecen irreconciliables (sobre todo en México), tales como la equidad y el crecimiento económico, la equidad y la excelencia académica, la prosperidad incluyente y la justicia. Soy doctora en Ciencia Política por la Universidad de Columbia en Nueva York y licenciada en Relaciones Internacionales por El Colegio de México. He trabajado en la academia la mayor parte de mi vida profesional, en el ITAM (Instituto Tecnológico Autónomo de México) y en el CIDE (Centro de Investigación y Docencia Económicas) fundamentalmente, aunque también he hecho algunas incursiones en el mundo «real»: el Instituto Federal Electoral, la Organización para la Cooperación y el Desarrollo Económico y la Secretaría de Gobernación del gobierno federal. Soy autora de numerosas publicaciones académicas y columnista en el periódico *La Razón*. Actualmente realizo trabajo de investigación y de emprendeduría social en el área en la que se intersectan (o no) la educación y el crecimiento económico.

INDOLENCIA

Horacio Franco

Cada ocasión en que iba a tocar a Cuba, retornaba a México netamente convencido de que «Cuba duele». Algo parecido me ocurría con la India, Egipto, Kenia o Guatemala y con otros países que por mi trabajo he visitado. Nunca me ocurrió de modo tan drástico con el nuestro, y aunque siempre me dolió y critiqué la pésima repartición de la enorme riqueza que tenemos y que somos, hoy México me duele más que nunca.

No me refiero nada más a la riqueza que nos enseñan como la más importante: el dinero (y el poder enfermizo que este genera en cantidades extralimitadas). Son muchas las riquezas que poseemos los mexicanos, y que están mal administradas y repartidas desde hace cientos de años: la cultural, la étnica, la de la diversidad de su gente, la de nuestro territorio y todos los incontables recursos que en él hay. Desde la conquista, una gran mayoría de quienes gobernaron el país han desperdiciado estúpida, torpe, corrompida e impunemente nuestras riquezas, y lo peor: inculcaron estas conductas a quienes gobiernan. Eso lo había asimilado, y aunque me dolía mucho, sentía que aún podíamos dar un brinco, un cambio que en algún momento iba a suscitarse.

El foxismo nos sirvió para darnos cuenta de que no era solo un cambio de partido en el poder lo que necesitábamos, sino que a este país le falta un cambio radical que hoy, temo, difícilmente se dará. Creo que quienes gobiernan o legislan comienzan haciéndolo con buenas intenciones y grandes ideales, pero el poder y la ceguera que este ocasiona acaban corrompiendo a la mayoría (corromperse no solo implica robar: es pudrirse, estropearse, descomponerse, desintegrarse, malograrse) y hacen que giren irremediablemente en una espiral de la que nunca salen. Todos parecen creer en sus propias mentiras y aunque conocen bien el sufrimiento ocasionado por la enorme desigualdad en que vivimos, nunca les toca padecerlo en carne propia y solo «se toman la foto» con quienes en su momento tienen un desastre. Prometen, trabajan y pueden hacer mejoras, pero al final acaban por no dar seguimiento y continuidad a lo que iniciaron. México es, en otras palabras, un país de apariencias: de fotos, de cortos plazos, de sexenios, y de indignación.

Al país lo ha hundido poco a poco el triángulo vicioso que vivimos todos los días: las eternas *falta de educación-repartición inequitativa de la riqueza-corrupción*, íntimamente ligadas porque no existe la una sin la otra. Estamos tan acostumbrados que rayamos en la indolencia cuando nos referimos a ellas. No puedo insistir lo suficiente: en México se vive una sociedad de castas como en la India pero «en el clóset», enmascarada por leyes que en apariencia protegen por igual a todos pero en la práctica son totalmente ultrajadas. En México, si no eres «hijo de» o tienes una relación con alguien «de arriba» es muy difícil que llegues a forjar un patrimonio comparable al de un ciudadano de clase media de un país más desarrollado. Para salir adelante es a menudo necesario usar el nefasto tráfico de influencias, el nepotismo o el *amiguismo*.

Lo digo porque lo sé: venir de una familia sin recursos y haber hecho una carrera exitosa a partir del esfuerzo, de una constante disciplina y de años de trabajo incansable, es lo único que puedo decir con orgullo de mí. Y por el contrario, lo que más me lastima y avergüenza es ver a millones de trabajadores emigrando al vecino país del norte porque su propia nación no es capaz ni pareciera estar interesada en brindarles los medios para desarrollarse y tener lo que merecen. O peor aún, que los señores del «otro poder», los del crimen organizado, los tomen como «carne de cañón» para responder a la inútil lucha por acabar algo que no tendrá fin, y cuyas causas son la fragilidad y la volatilidad humanas.

Considero tan nocivas las adicciones a las drogas, al alcohol, a las religiones o a algunas emociones, como la adicción al poder y al dinero que tienen los *señores de todos los poderes*, legales o ilegales. Lo más trágico es que son ellos, los señores del poder, quienes manejan el mundo a su antojo y tienen a la mayor parte de la humanidad como mansos e inconscientes rehenes sin que la mayoría lo note ni proteste. Su adicción al poder y al dinero ha sido, a lo largo de la historia, el motivo para que el ser humano haya avanzado poco y no igualitariamente.

Por la marcada división de clases o castas «de clóset» los mexicanos cargamos con el tácito fantasma de la doble moral: nos hemos convertido en un conjunto de sociedades contrarias, excluyentes y confrontadas entre sí; son frecuentes el racismo, la homofobia y sobre todo, e independiente de todo, el clasismo. Aun dentro de un mismo grupo muy diverso, que en teoría debería estar unido por una preferencia sexual, como por ejemplo la comunidad LGBT (Lesbianas, Gays, Bisexuales y personas Transexuales, Transgénero y Travestis), existe un odio entre clases sociales que a veces me asusta. Pero esta comunidad es solo un reflejo de lo que pasa en todo el país. Se da con fuerza en las instituciones, en la iniciativa privada y en todos los sectores de México. Aunque navegamos con la bandera de ser un país unido, socialmente desarrollado y con valores democráticos, estamos en realidad muy lejos de serlo.

Mucho ha contribuido la constante manipulación que hacen los medios masivos de comunicación hacia lo *aspiracional* (el anhelo de ser como dicen que tienes que ser), que ha logrado eficientemente hacer entrar al pueblo mexicano en un letargo prolongado. La televisión tiene un enorme alcance en la formación de conciencias que influye mucho en la educación colectiva. Tanto los comerciales como las series mexicanas y extranjeras nos han inculcado día con día, como ejemplo a seguir, ideales de conducta, de belleza, de formas de vida, de estatus y de costumbres; y al vendernos una ideología y una manera unilateral de vernos como pueblo, debilitan y someten el potencial cultural e intelectual que podríamos tener en conjunto.

Inclusive los valores patrios y espirituales inculcados por estos medios son mecanismos de manipulación de masas que impiden progresar a México y evitan que se consolide una sociedad igualitaria, pensante y justa para todos. Todo ese circo, con su futbol y sus telenovelas, su manipulación de la fe (que en este país es una mezcla de mucha superstición con algo de religiosidad) y su tendencioso manejo de noticias, solo sirve para controlar y someter al pueblo a su antojo.

Educación no es escolaridad. México necesita mejorar de manera urgente la calidad de la educación que se imparte en la familia, en las escuelas y en los medios de comunicación, con proyectos a largo plazo y seguimiento transexenal, para que la trascendencia del ansiado cambio tenga los alcances que nos merecemos como ciudadanos. Otro de los desastres en nuestra sociedad, relacionado con la educación, es la pésima orientación vocacional existente, la cual hace que los talentos de los mexicanos estén enormemente desaprovechados, y una gran mayoría nunca descubra una profesión armónica con sus aptitudes, que a la vez guste y satisfaga. Se forman miles de profesionistas mediocres, forzados a hacer y a vivir algo que nunca quisieron o para lo que son disfuncionales, y otros que heredan las profesiones y puestos de sus padres aunque son ineptos e infelices con ello, aun cobrando mucho dinero.

Creo que por las carencias y deficiencias en la educación, tanto la discriminación como el machismo, el racismo, la homofobia (y otras fobias) no se podrán erradicar si no ayudamos todos a bien informar y educar, a partir de términos que sean verdaderos y realistas. Para ello sé bien que no es necesario convocar solamente a la sociedad más pensante y crítica, que es un pequeñísimo porcentaje; se requiere incluir a todo el país. Las fobias y discriminaciones son producto del desconocimiento frente a lo que nos causa miedo. Cuando conocemos, sabemos y entendemos todas las expresiones de la diversidad, las conductas, las religiones, las costumbres, las preferencias y demás, comenzamos a entender cómo funcionamos, y nos volvemos entonces humanistas. Aceptamos, conocemos, admiramos y hasta amamos la diversidad; vamos más allá de solo tolerarla.

Aunque los mexicanos tenemos un potencial enorme, mientras creamos que los gobiernos acabarán con nuestros males, jamás vamos a tomar iniciativas ciudadanas que nos permitan una liberación reflexiva del control que ejercen sobre nosotros. Y me pregunto: ¿estamos preparados para ello? Me inclino a pensar que no. Pero en mi caso, de haber salido adelante solo y poder cambiar mi destino al luchar disciplinadamente a partir de lo que quise, sin resignarme a ser y hacer lo que mi entorno me deparaba, obtengo esperanza de que sí es posible cambiar a nuestro país, cada uno desde nuestra trinchera, sin esperar que nadie venga a rescatarnos. Individualmente y unidos debemos propiciar un cambio radical en la educación, en las maneras de gobernar y en los métodos para ejercer nuestros derechos de manera igualitaria. De no ser así, nunca veremos avances reales ya que al parecer a ninguno de los partidos políticos ni a los señores del poder les interesamos.

Y aunque mi parte más cruda y realista me diga que México necesita un evento mayor como han tenido otros países, que nos haga tocar tanto o más fondo que nunca en la historia (aunque costaría muchas vidas y daños materiales, acaso nos corregiría de una vez y para siempre), sin embargo, no desearía que pasáramos por una revolución, guerra, dictadura, invasión o hecatombe natural. Si pronto no nos unimos y trabajamos por nuestra nación, quizá será la única y trágica manera de lograrlo; estoy convencido de que podríamos evitar tal eventualidad si trabajamos disciplinada y reflexivamente por nosotros y por México.

HORACIO FRANCO Soy chilango, crecí en la colonia Portales y soy el último y séptimo vástago de una familia clásica de los años cincuenta, cuando se iban teniendo hijos como macetas: no fui planeado pero sí querido. Mis padres eran ambos huérfanos de padres y tuvieron que trabajar desde chavitos, no acabaron ni la primaria y así, cuando por casualidad descubro que la música es mi vocación y tengo grandes facultades para ella, y la quiero hacer mi carrera, pusieron «el grito en el cielo» y quisieron que primero estudiara una profesión «decente», pero como siempre y por suerte, hice lo que me dio la gana. Me fui a estudiar a los 17 años a Holanda y desde que me gradué con maestría, regresé a México a picar piedra y a hacer carrera, misma que después de tantos años me ha dado enormes satisfacciones, viajes a todo el mundo, el cariño del público y el respeto de los colegas, y me ha hecho ver que luchando contra la corriente y las enfermedades sociales que nos aquejan, aparte de haber salido muy temprano del clóset, pude lograr ser lo que soy y tener lo que tengo: dignidad, integridad, honestidad, salud mental y física y felicidad en mi vida, que se ve sustentada gracias al amor de mi pareja, Arturo, a quien admiro, respeto y adoro. No creo en dioses, vírgenes, santos, espíritus, reencarnaciones, karmas o astros que nos ayuden a triunfar y a modificar las cosas. Somos nosotros los que tenemos la capacidad de evolucionar y mejorar nuestra vida y destino, o de bloquearnos e ir al fracaso.

AUTOSUBVERSIÓN

Maite Azuela

Habrá sido una mañana de viernes de 2004: me detuve a comprar un licuado de fresas con avena en el puesto que estaba frente a las oficinas donde tenía una cita y desde el que se veía majestuoso el Monumento a la Revolución. Recibí una llamada al celular en la que me advertían que las cosas se habían puesto feas en la oficina: debía revisar el artículo de Jorge Fernández Menéndez. Compré el diario de inmediato y cuando lo abrí constaté que la conversación sostenida con ese columnista la noche anterior ya era pública. Viví la emoción que se siente cuando una verdad oculta huele a tinta de papel periódico. Luego mis piernas se tambalearon cuando caí en la cuenta de que eso me iba a traer problemas en el trabajo.

Entré a las oficinas del ISSSTE (Instituto de Seguridad y Servicios Sociales de los Trabajadores del Estado) con el licuado a medio digerir, el periódico enrollado en una mano y en la otra los cientos de fólders para dar de alta a los empleados de nuevo ingreso del IFAI (Instituto Federal de Acceso a la Información y Protección de Datos). El elevador no funcionaba, así que subí nueve pisos con el temor de quien apenas sostiene la certeza de un empleo que puede perderse por alevosa indiscreción. Dentro de las oficinas del ISSSTE podía detectar que los servidores públicos vestían capas invisibles de superhéroes: pasaban atados a escritorios de un metro cuadrado más de ocho horas de jornada laboral, revisando papeles idénticos y capturando datos en computadoras ochenteras: aún así algunos sonreían. Julio, al que le tocaban mis folios, me consiguió prestada una silla que apenas cabía en su cubículo. Llevaba trabajando ahí doce años sin ascenso, pero se preciaba de tener estabilidad. En cuanto me entregaron los registros procesados de los empleados que se habían dado de alta, relativicé la posibilidad de ser despedida.

Entre los siete u ocho volantitos me dieron el de Lizbeth Salinas Maciel. «¿Cómo la doy de baja? ¿A poco renunció tan pronto? Sus registros apenas van saliendo, ¿y ya está ella afuera?», interrogó Julio. «Así es, ingresó apenas hace tres meses pero la semana pasada la asesinaron», respondí. El funcionario tomó la papeleta de registro, le puso un sello de cancelación y la apiló diciendo: «Híjole, estaba bien jovencita, apenas tenía 26 añitos».

Esta es una nota de periódico que apareció algunos días después:

Óscar Herrera
El Universal
Martes 13 de julio de 2004

Tres meses antes de su muerte, Lizbeth Itzel Salinas Maciel, funcionaria del Instituto Federal de Acceso a la Información (IFAI), escribió una carta al secretario de Seguridad Pública federal, Alejandro Gertz, dando cuenta «como ciudadana mexicana, testigo y víctima» de los fraudes millonarios que cometen empresas asiáticas a través de depósitos en dólares que van a parar a cuentas bancarias en

Malasia, Hong Kong, Singapur y Nueva Zelanda. La misiva nunca llegó a su destino a decir de la dependencia federal, pero ahora forma parte de dos investigaciones paralelas que lleva la procuraduría capitalina; una por el homicidio de Lizbeth y otra por los fraudes que han afectado a unas 70 personas en la Ciudad de México.

Antes de ocupar su puesto en el IFAI, Salinas fue agente de cuentas de una sucursal de Rizzland Group Limited, empresa de origen malasio con oficinas en las Lomas de Chapultepec, donde se manejaban sumas importantes de dinero (en dólares) que eran defraudadas a nacionales, bajo la promesa de obtener 10 por ciento de interés mensual sobre capital invertido. Salinas Maciel también fue timada por asiáticos y desde esa óptica formuló la denuncia: «Me permito hacer de su conocimiento que en esta ciudad, durante el periodo de octubre de 2003 a enero de 2004, varios inversionistas mexicanos perdieron fuertes cantidades de dinero, debido al manejo especulativo que se realiza dentro de la empresa Indinter Consultants, intermediaria de la firma asiática Rizzland Group Limited».

La carta del 18 de febrero de 2004 asevera que hubo «transacciones a través del acceso de recursos informáticos con que cuenta la empresa en cuestión». Además, denunció que diversas situaciones atípicas conducen a presumir la existencia de un sistema creado para defraudar a los inversionistas.

Por las responsabilidades que en aquella época yo tenía en el IFAI me tocó hacerme cargo de los trámites de traslado de Lizbeth, desde la Cruz Roja hacia un hospital donde su seguro cubriera los gastos; también tuve que llamar a sus padres, contarles con cautela lo poco que sabíamos a propósito de su desaparición la noche anterior y enumerar con ellos las lesiones brutales que la mantenían en estado de coma. Intenté poner distancia entre su dolor y mi desconcierto: eso habría sido más profesional, supongo. Pero no estuve ni dos horas con aquellas personas cuando sentí que Lizbeth era parte de mi familia; me invadió la tristeza y la empatía rebasó inevitablemente lo que debía ser solo un vínculo laboral.

Después de dos días de visitas al hospital, la rutina volvió a la normalidad. Pensé entonces que el IFAI debía publicar un desplegado lamentando el asesinato de su funcionaria y exigiendo a las autoridades del DF que esclarecieran el hecho. De cinco comisionados que integran el máximo órgano de esa institución solo recibí el apoyo de Alonso Gómez Robledo y de Horacio Aguilar Álvarez. La oposición de los otros comisionados se movía entre el argumento de la «responsabilidad institucional» (no tener reacciones amarillistas) y la protección a la imagen de un gobierno capitalino que hacía esfuerzos por aparentar orden y seguridad. Entre mis compañeros de trabajo preparamos una carta para insistir en que la institución debía pronunciarse públicamente. Hasta los empleados más temerosos de perder el trabajo se acercaron a mi oficina para firmar ese documento, pero la resistencia de los comisionados y las sugerencias de su director general de Comunicación detuvieron el desplegado. No fue hasta que el columnista Jorge Fernández Menéndez publicó su artículo que la sensibilidad al fin tocó el piso de arriba en el IFAI: no solo tuvimos desplegado, sino hasta ceremonia luctuosa en la que cada comisionado dedicó unas palabras a Liz en presencia de sus padres.

Entre las pertenencias de Lizbeth encontramos la carta con el sello de acuse de recibido de la Secretaría de Seguridad Pública. Desde que Alejandro Gertz Manero dijo no estar informado de ella, tuvimos indicios de lo que después resultaría un fallido intento por hacer justicia. A finales de marzo de 2006, el periódico *Reforma* publicó que los antiguos jefes malayos de Liz habían sido sentenciados por fraude: a Wai Yee Ha le dieron 15 años, 6 meses y 15 días de cárcel, más una multa de 63 mil 691 pesos; Chin Yeong Sor recibió una sentencia de 10 años, 4 meses y 14 días de prisión, así como 35 mil 273 pesos de multa. Sin embargo, ninguno fue acusado de asesinato; al taxista que aprehendieron como presunto culpable material lo liberaron por falta de pruebas.

Salí del IFAI cuando terminó 2006; entonces, como servidora pública, me conocí mejor. Me di cuenta de que era más intolerante a la indolencia de lo que suponía, que me irritaba seriamente que quienes podían hacer la diferencia colocaran los intereses políticos por encima de su congruencia. Aprendí que una nota de periódico era más poderosa que la lista de firmas de cientos de subordinados, y que cuando los acontecimientos son públicos, comprometen y conmueven hasta a los más indiferentes. Aprendí también que la lucha de Lizbeth, en la soledad total, la llevó a la muerte; si cuando ella presentó su denuncia las redes sociales hubieran tenido el mismo impacto que ahora, igual algún experto la habría asesorado y sus compañeros de trabajo posiblemente la hubieran acompañado: acaso otra sería su historia.

Hoy, entre los calificativos que suelo utilizar para presentarme en público, insisto en que soy apartidista. Sin militar ni simpatizar con ninguna fuerza electoral, en el pasado trabajé para organismos autónomos y por un tiempo en el gobierno federal. Hubo sin embargo un paréntesis: a principios de 2007, cuando me animé a incorporarme al partido Alternativa Socialdemócrata, esta fuerza política acababa de obtener su registro en gran medida por la figura fresca y carismática de Patricia Mercado y seguramente por la agenda que promovía para la defensa de los derechos de las minorías y el respeto a la dignidad de todos. Fue un periodo breve pero de fuerte impacto: mi rutina diaria se transformó, pude olvidarme de los trajes sastre, aventar los tacones y trabajar implacablemente por más de doce horas metida en un par de *jeans* con zapatos de suelo para no perder piso, aunque a veces viera despegar de la realidad a alguno de mis compañeros. Aprendí en menos de un año que la condición humana es muy vulnerable al poder: que a veces quienes parecían robles se caían con ligeros vientos de ambiciones cortoplacistas. Yo me caí de a poco a poquito: hubo tres golpes que desataron mi rabia y desarticularon por completo mis expectativas sobre la posibilidad de construir un partido político bajo las reglas existentes.

Primero un puñetazo a la congruencia: lo soltaron sin titubear durante la reunión de Comité Nacional en la que se presentó la solicitud para destituir al presidente del partido en Aguascalientes por una acusación de abuso sexual que hizo una de sus subordinadas. Las caras ladeadas con que la mayoría de los dirigentes del Comité simularon desaprobación no alcanzaron para contrarrestar los votos secretos que reiteraron que aquel hombre debía continuar en el cargo. No dormí durante semanas pensando que me sentaba en la mesa de decisiones con personas que decían defender la equidad de género y proclamaban su lucha por la dignidad humana, pero eran incapaces de destituir del cargo a un violador por el simple hecho de que les garantizaba ciertos votos y vínculos con otros partidos en su estado.

Después una mordida en la autenticidad: el anuncio de acudir a las urnas con el Partido Revolucionario Institucional (PRI) fue el punto definitivo de quiebre para Alternativa. Alberto Begné, presidente de nuestro instituto político, pactó con Fidel Herrera, entonces gobernador de Veracruz, que concurriríamos juntos a la elección estatal, a pesar de que tal cosa implicaba desdibujarnos del mapa como una oferta realmente comprometida con cambiar la forma de hacer política. Varios exigimos que se compartieran los argumentos para celebrar esta mal llamada alianza, pero nunca se expusieron. En los hechos sucedió un uso del partido como franquicia del PRI, para que ciertos priistas se postularan bajo las siglas de Alternativa.

Y el último no fue un golpe, sino una golpiza (literalmente): a las 8:10 a.m. del 16 de marzo de 2008, los 135 coordinadores de comités ciudadanos que en el DF apoyábamos a Patricia Mercado nos enfilamos disciplinadamente al hotel Crowne Plaza, donde se celebraría una asamblea importante. Topamos con la noticia de que el ingreso estaba restringido. La Comisión Electoral interna del partido nos obligó a pasar un primer filtro, que por cierto no tuvieron que transitar los representantes uniformados de blanco que pertenecían al grupo de Alberto Begné. La incertidumbre jurídica del proceso fue evidente desde que inició aquella asamblea. Ante las decisiones reiteradas y parciales de la Comisión, uno de nuestros compañeros tomó el micrófono y denunció la inexistencia de condiciones para proseguir. En ese momento surgieron brotes de violencia: alguien sujetó con fuerza a una de nuestras compañeras por los dos brazos y una pierna; otros salieron en su defensa. Fue entonces cuando entraron alrededor de veinticinco golpeadores profesionales que arremetieron contra nuestro grupo. Acto seguido llevamos a la gente hacia la única puerta que parecía conducir fuera del peligro; llegamos al gimnasio del hotel, donde permanecimos por unos minutos. Allí, en total angustia, estaba un niño que no tenía ni 10 años y dos mujeres embarazadas. No existía manera de escapar; nos habían tendido una trampa. La competencia interior por dominar el partido estaba ya contaminada de dinero, así como de intervenciones inaceptables de otras fuerzas políticas y de jaloneos en el Tribunal Federal Electoral cuya presidenta, María del Carmen Alanís, recibió un año antes de asumir su cargo más de un millón de pesos de Alternativa por un proyecto cuyos resultados nunca conocimos.

Mea culpa: con total vergüenza recuerdo una tarde en que me citaron sobre la avenida de los Insurgentes, cerca de Plaza Inn, para que me subiera a un vehículo Chrysler de color negro, de esos que llevan mariachis o muertos. Dentro abrí mi mochila, en cuyo interior lanzaron una bolsa de plástico con 40 mil pesos en efectivo que nos prestaba, con altísimos intereses, un vendedor de Tepito para que pudiéramos viajar y capacitar a quienes después serían nuestros militantes. Supongo que aquello rayaba en lo ilegal y ninguna etapa de mi vida me causa más repelús que esa. El dinero, aunque bien habido y manejado con buenos fines, carcome hasta las mejores intenciones políticas.

Los que soñábamos con la alternativa fuimos dejando poco a poco el partido, antes de que se convirtiera en una simulación con apellido «Socialdemócrata», porros a sueldo como candidatos y negocio garantizado para los directivos y sus compadres, los publicistas urbanos. Entendí que las reglas que rigen al sistema político y a nuestros partidos generan incentivos perversos que llevan a renunciar a las ideologías y a recurrir al pragmatismo: todo se mueve en un irrenunciable clientelismo, jugosísimo para lucrar sin construir.

Después de experimentar la extraña depresión colectiva que varios arrastramos cuando aquellos dirigentes destruyeron Alternativa para formar el Partido Social Demócrata, no tenía claridad acerca de qué rumbo tomar. Ya por esos días comenzaba a reunirme con un grupo plural de ciudadanos que no estaban inmiscuidos en política y que veían en el fortalecimiento de la sociedad organizada la clave de un cambio. Sin mayores estrategias pero con mucha creatividad nos lanzamos a formar el movimiento ciudadano Dejemos de Hacernos Pendejos y empezamos una aventura de debate y apropiación de las redes sociales que nos hizo crecer con velocidad hasta alcanzar, en menos de cuatro meses, 5 mil simpatizantes (ahora rebasamos los 30 mil). Desde esa plataforma coordinamos operaciones para exigir rendición de cuentas a los diputados y para responsabilizarnos de algunas vialidades abandonadas por las autoridades. Como en un juego, sin dinero, sin acceso a medios pero con mucha imaginación, me lancé a una aventura que, apenas ahora, me devuelve la certeza de que «desde afuera» sí hay manera de apropiarnos de lo que es nuestro.

Después de las elecciones federales de 2009, cuando participé también en la campaña del voto nulo, se volvió la bandera de muchos la insistencia por una reforma política que ampliara los derechos de los ciudadanos para el acceso y el ejercicio del poder; a partir de ella queríamos recuperar el espacio público y exigir rendición de cuentas a las autoridades. Para hacer avanzar tal causa tuvimos que romper las fronteras imaginarias entre los que mandan y los que obedecen. Pero en sociedades como la nuestra, con un sentido de pertenencia tan acotado, el eterno intento por distinguir entre lo público y lo privado raspa con la inevitable disyuntiva en la que de un lado está lo que afecta al individuo, y en el lado opuesto lo que le tiene sin cuidado.

Desde aquí afuera me siento con libertad pero también con la obligación de generar información, interpretar la que ya existe y difundirla. La dinámica burocrática y la permanente incertidumbre política tienen a la mayoría de los de «adentro» hipnotizados en el día a día y sin mucha claridad de que su trabajo es de interés público y que es con respecto a tal interés que deben responder, así que tenemos que recordárselos con igual persistencia que estamos vigilantes.

Entre las tareas que nos esperan como mexicanos tenemos la de recrear un sentido de pertenencia vinculado al valor de lo colectivo. Hoy asumo que la banqueta es mía, las subvenciones son mías, las escuelas públicas son mías, los ingresos de Pemex son míos, la plaza es mía, las leyes son mías, los juzgados son míos, los árboles son míos, los museos son míos, los partidos políticos son míos, las cebras peatonales son mías, las muertas y los muertos son míos. México es mío. Desde adentro, desde afuera, cada uno somos responsables del país que tenemos y del que dejaremos después. Y esa responsabilidad genera una adrenalina adictiva que recomiendo experimentar a quienes disfrutan sentir que sus esfuerzos dan resultado.

MAITE AZUELA «Tenemos que romper las fronteras imaginarias entre los que mandan y los que obedecen. Ser dueños de México. De todo México. Y ser intolerantes frente a la indolencia.» Soy analista política y activista ciudadana. Maestra en Políticas y Administración Pública por la Universidad de Concordia, Canadá, vocera de Dejemos de Hacernos Pendejos, DHP, e integrante de la Asamblea Nacional Ciudadana, ANCA.

TENACIDAD

Daniel Gershenson

Nací y crecí en un hogar donde me inculcaron a tratar siempre de hacer lo correcto y a tomar como algo personal la desgracia ajena; debía intentar remediarla en la medida de mis posibilidades. Sin embargo, mi involucramiento definitivo en causas sociales comenzó casi por accidente: con una simple anécdota, que pudo haber pasado desapercibida en cualquier otro momento. Por motivos que todavía desconozco, ese día en particular los astros se alinearon para despejar mis dudas y señalarme el camino nuevo.

La indignación asume formas diversas y toma distintos derroteros; confieso que a mí no me animó una epifanía, ni un espíritu particularmente justiciero: si no hubiera sido por una consulta que hice de mi estado de cuenta telefónico, con toda seguridad no estaría dedicado de tiempo completo, para bien o para mal, a mis actuales ocupaciones. Intrigado noté que tal recibo incluía un cobro indebido por una transacción que no tenía que ver con el consumo del servicio y que había ocurrido sin mi consentimiento; supuse que se trataba de una equivocación. Por motivos profesionales tuve la oportunidad de vivir algunos años en Estados Unidos, país donde existen distintos cauces para ejercer activamente la ciudadanía a todos los niveles (clubes sociales, grupos de interés o de defensa vecinal); por eso pensé que se efectuaría el ajuste en cuanto diera aviso.

Llevaba algunos años de regreso en México; me desempeñaba entonces como responsable de exportaciones en una pequeña empresa textil. Por aburrimiento revisé el contenido de un sobre que antes pocas veces consulté; sin darle demasiada importancia al asunto, chequé el cargo particular. En el documento había un número para atender cualquier duda o inconformidad. Llamé múltiples veces: nunca me contestaron. En la madrugada o los fines de semana el resultado fue el mismo: la línea sonaba ocupada. Entonces recurrí directamente al proveedor; fui informado de que sería imposible omitir el cargo (nunca me explicaron a cabalidad las razones), por lo que acudí entonces a ese vistoso pero inútil elefante blanco denominado Procuraduría Federal del Consumidor (Profeco). El trámite fue engorroso y me sometí al proceso de conciliación con el mismo entusiasmo que uno invierte cuando la necesidad y el dolor orillan a visitar al dentista.

Este pequeño abuso representaba un fastidio de poca monta. Sin embargo, era obvio que no era la única persona obligada a realizar el pago. Dentro del universo de millones de clientes cautivos, lo más probable era que muchos otros también sufrieran idéntica suerte. Deduje que estos mordiscos institucionales, multiplicados por millones de usuarios, le generaban fortunas adicionales —sin riesgo alguno— a los dueños de las grandes empresas y los proveedores de servicios. No me equivoqué: pocas personas tendrían el tiempo de disputarlos, porque saldría siempre *más caro el caldo que las albóndigas* en caso de reclamar una devolución o ajuste en Profeco.

Me indigné y lo sigo haciendo: con pleno conocimiento de causa.

Los infractores corporativos poseen el sartén por el mango: tienen a decenas de millones de rehenes. Siempre que el gobierno se propone actuar termina haciéndolo a favor de los intereses particulares de estos inmensos consorcios. Nuestras autoridades se encuentran capturadas; toman decisiones que nos afectan directamente, sin consultarlo con nadie y sin medir las consecuencias. De manera invariable sus errores de cálculo los pagamos nosotros; somos invisibles y nadie nos toma en cuenta. Por estas razones fue que nació la idea de constituir Alconsumidor, una asociación civil sin fines de lucro para informar, asistir y facultar a los usuarios de servicios masivos, tales como las telecomunicaciones y la energía, que son los que concentran la mayor parte de las quejas en las delegaciones de Profeco.

No fue fácil embarcarse en la aventura: en México estamos desacostumbrados a ser exigentes y no conocemos nuestros derechos como consumidores. Encontré a otros ciudadanos dispuestos a participar en esta tentativa, pero muchas veces nos dijeron que perdíamos nuestro tiempo: «No le busquen, es inútil. Para eso está la burocracia, además, a nadie le importa». Poco podríamos hacer contra mastodontes cuyos abusos eran avalados por el gobierno. En otros países hay formas de nivelar la cancha de juego entre los consumidores y las grandes empresas, pero en México tales mecanismos eran todavía inexistentes. Teníamos que convencer a los tomadores de decisiones y a los especialistas de que no íbamos a seguir tolerando a firmas que en otros países estaban debidamente reguladas y que en México, por la razón inversa, actuaban a sus anchas y hacían de la afectación sistemática su principal estrategia de negocios.

Ya me había encarrerado con mi causa cuando también participé en la constitución de Alarbo, asociación que busca defender, rescatar y rehabilitar árboles patrimoniales y áreas verdes en la Ciudad de México. Mi familia vivió durante décadas junto al Bosque de Chapultepec; en ese parque abundan especies gigantes que se derriban o mutilan sin piedad por motivos comerciales. Se hace así para lograr que sean visibles infinidad de anuncios panorámicos, o simplemente porque «estorban». Nuestra educación ambiental es deficiente: el enorme acervo arborístico estaba siendo aniquilado por los constructores, las administraciones locales (estatales y federales) o por la Comisión Federal de Electricidad sin que nadie moviera un dedo para impedir tales delitos ambientales; todo ello en la ausencia de mecanismos que en la realidad sirvieran para la defensa de la ecología o de los derechos humanos.

Con objeto de superar estas carencias, nuestro colectivo organizó foros académicos con especialistas de varios países. Decidimos plantear un proyecto de enmienda constitucional y un reglamento que permitieran superar nuestros inmensos rezagos; acudimos a ver a funcionarios públicos de los tres poderes. También llevamos el tema a los medios, para los cuales la causa del acceso a la justicia colectiva era desconocida. Sorprendentemente la reacción y los apoyos fueron inmediatos.

Hace apenas unos meses se aprobaron los ordenamientos que permitirán emprender *acciones colectivas* en ámbitos tales como el consumo, el medio ambiente, los servicios financieros y la competencia económica. Lo logramos. Es apenas el principio del camino de la emancipación ciudadana; la iniciativa aprobada es deficiente y refleja los temores públicos y privados más mezquinos, porque ahí están los agentes conservadores que se niegan a otorgarnos la mayoría de edad. Pero al menos tenemos un comienzo que deberá traducirse en la adopción paulatina de instrumentos jurídicos que nos ayudarán pronto a salir del atolladero.

En estos años de ejercer mi ciudadanía a tiempo completo me he sumado solidariamente a otras causas, algunas emblemáticas. Por ejemplo, apoyé a la los papás y las mamás del Movimiento por la Justicia Cinco de Junio que sufrieron la terrible pérdida de sus hijos en el incendio de la guardería ABC en Hermosillo, hace más de dos años. Nadir de nuestras desventuras, noche oscurísima del alma: 49 muertes, 25 niñas y 24 niños cuya edad promedio era de 3 años, también hubo decenas de lesionados graves. Los he acompañado en sus marchas y seguiré haciéndolo; en vigilias y ante la Suprema Corte, en los juicios ciudadanos, tanto en Hermosillo como en la Ciudad de México. Los he acompañado a plantarse contra los dueños de la estancia infantil en la que murieron sus hijos; ante las autoridades locales, estatales y federales cuya negligencia criminal ocasionó una de las peores tragedias imaginables.

Hemos visitado las dos cámaras, tratando de convencer a los legisladores para que fuera aprobada una Ley de Servicios de Cuidado, Aprendizaje y Desarrollo Integral Infantil, iniciativa elaborada por distintos expertos que hoy se conoce como Ley Cinco de Junio. Hemos también recorrido un largo proceso que derivará en la construcción de un Museo y Memorial ABC, precisamente en el lugar donde ocurrieron los hechos. A partir de la experiencia anterior estamos igualmente tratando de edificar un Memorial News Divine, erigido para recordar a los jóvenes y los policías que fallecieron en el operativo llevado a cabo por la Secretaría de Seguridad Pública del Distrito Federal el 20 de junio de 2008; la intención es que este recinto sirva a la vez para la reconciliación y el estudio de los problemas de los jóvenes. En fechas más recientes participo en el Movimiento por la Paz con Justicia y Dignidad que encabeza Javier Sicilia, y que busca dar nombre e identidad a las víctimas de la violencia desatada en México.

Hoy vivimos el alfa y el omega mexicano, cuyo desenlace y resolución perfilará la ruta y el destino: lo que queremos ser desde ahora y hacia el futuro. Es tiempo de decir *no* al México de los cárteles y los monopolios, al abuso descarado, a las fosas comunes y a la opacidad. Basta de tumbas sin sosiego y compromisos legales meramente discursivos que se incumplen de forma metódica; digamos *hasta aquí* a las pesadillas compartidas; *hasta aquí* al México que carece de herramientas básicas para defender los derechos humanos, el medio ambiente, el patrimonio cultural e histórico o los datos personales; pronunciemos un *no* rotundo ante las empresas abusivas y los gobiernos inescrupulosos que mantienen a la gente en un estado de perpetua indefensión. Ya basta del país cuyas clases dirigentes se esmeran en pulverizar nuestros vínculos básicos de solidaridad.

El remedio está en nuestros esfuerzos sociales: organizados o dispersos. En reencontrarnos como una gran comunidad, entre semejantes. Hemos de devolverle su verdadero sentido a las palabras; reivindicar términos como «el honor» y «la dignidad». Hagamos que los actos correspondan con las palabras; apuntalemos la casa común, logremos que el centro de gravedad sea la ciudadanía. Es momento de plantear la revolución perdurable de las conciencias: una revuelta ética y pacífica. Llegó el momento de replantear las prioridades a partir del bien común y del interés público; ambos deben ser los ejes y las razones.

México no puede seguir siendo un Leviatán que devora a sus hijos; una ínsula excepcional, donde pasa todo y no sucede nada. No hemos llegado aún a la Tierra Prometida, pero estamos mejor que hace unos años. Tenemos la obligación de poner a prueba nuestras facultades críticas; de respaldar estos grandes esfuerzos de manera muy amplia; de lograr una identificación con el prójimo sin condiciones: pongámonos en los zapatos de los humillados y los ofendidos.

La articulación con otras organizaciones y causas mediante las redes sociales como Facebook y Twitter ha sido crucial para varios de estos esfuerzos. El apoyo de las y los jóvenes en todos los municipios y estados de la República es imprescindible. Cada vez crece el compromiso de una sociedad más despierta. En la exigencia y el reencuentro de todas y todos nosotros, a lo largo y ancho del camino, se halla la exhibición de la estulticia moral de nuestras castas refractarias al cambio.

Apenas es el fin del principio: lo mejor está por venir.

DANIEL GERSHENSON Yo me indigné un día, y lo sigo haciendo, con pleno conocimiento de causa. México no puede seguir siendo un Leviatán que devora a sus hijos. Una ínsula excepcional, donde pasa todo y no sucede nada. En México estamos desacostumbrados a ser exigentes y ni siquiera conocemos nuestros derechos como consumidores. Soy emprendedor social. Después de estudiar en Estados Unidos, trabajé veintiséis años en la industria hotelera y textil; ahora llevo seis tratando de convertirme en ciudadano de tiempo completo. Presido Alconsumidor y Alarbo, dos asociaciones civiles sin fines de lucro. Escribo el blog *Entropista* en Animal Político, y participo en Twitter como *@alconsumidor*.

ÉPICA
Élmer Mendoza

México es una emoción de 2 millones de kilómetros cuadrados. Antes sabíamos la cantidad de habitantes pero debido a una pandemia han muerto tantos que nadie sabe cuántos somos realmente. Esta apocalíptica calamidad devoró a los pocos que se salvaron de las epidemias del secretario de Salud. Después nos invadieron los mosquitos del dengue pero como no había a quien picar se extinguieron por inanición, lo mismo le pasó a algunas bacterias que atacaban la boca. Solo las moscas verdes se libraron, sobrevivieron desayunando atardeceres, huellas de elefante en su jugo y escuchando a Gloria Gaynor.

Extraño eso. Me duele no jugar más, intentar todo el tiempo controlar el lenguaje que se rebela porque quiere contar un país siniestrado, una llaga sin Cristo, una guerra sin fines económicos, territorial o religiosa. Me duele desconfiar de ese chico que me mira tan circunspecto, del que limpia los parabrisas y del que llama por un celular desde un pasillo del supermercado. Me duele un país armado contra sí mismo y el bar de la esquina. Me duele el médico asesinado porque no pudo salvar a la madre de un sicario y la enfermera que huyó, se salvó, y ya en casa le pegó al marido con un garrote. Me duele el triunfalismo del joven de la Presidencia que sale en la tele anunciando victorias imaginarias y la mortandad de chavos imberbes como si fueran testimonios de la buena fortuna.

Tenía una cita con Andrea pero no llegó. Dos bandas se enfrentaron a tiros en su colonia y tuvo miedo de salir, su padre se ofreció a llevarla pero ella prefirió su casa y la soledad de su ventana. Le llamó a Dios:

«¿Dios, eres tú? No manches, ¿por qué has creado gente tan imbécil, ya viste cómo nos tienen?».

«Hija mía, pon la otra mejilla.»

«¿Estás demente? Ponla tú.»

Colgó, apagó la tele y pensó en la energía que genera una gota de agua al chocar contra el piso. ¿Llovía? Dejó sonar su iPod. Luego le marcó al Diablo pero no respondió, en su lugar la contestadora le pedía su número para que él se comunicara.

Me duele Ciudad Juárez, Chihuahua, Laredo y Culiacán. Mis amigos de Matamoros y la transformación de Michoacán. Pero también Caitime, Guasave y Navolato, y con ellos La Noria, el Recodo y San Ignacio. Es un tiempo brutal en que la esperanza es un asunto de redaños y de viajar libremente, aunque asalten en las carreteras y los yates cuesten lo suyo.

El dinero anda en muy buenos caballos, decía mi abuela.

En un país asolado la literatura se transforma de prisa. Un escritor toma prototipos vivos que al llegar al texto se rebelan, se apoderan de los carruajes, asaltan los bancos y besan a las muchachas sin que ellas lo consientan. Son personajes que portan armas de fuego. No respetan los avisos: *Prohibida la entrada a menores de edad, uniformados y personas armadas.* Los quieres desarmar y te dicen que son amigos del presidente, que son de su guardia personal y que no tienen nada contra el pianista; les explicas que el primer mandatario tampoco será admitido por su edad y ellos se obstinan: *Soy del Estado Mayor Presidencial y jamás dejaré mi instrumento fuera de mi alcance.* Con frecuencia disparan y laceran algunos adjetivos posesivos y la traen contra los verbos en pluscuamperfecto, a veces tan vulnerables. Cuando llegan los detectives de la PGR intercambian sonrisas, piden de beber y jamás pagan la cuenta. En ocasiones la literatura mexicana es pobre por eso, y aunque tenga apoyo oficial pocas veces es suficiente. Una víctima más.

Cuando no hay de otra recreas como personajes a los que padecen; los mandas al cine, al parque o a la universidad pero es un riesgo, sus lágrimas humedecen la pantalla y sus lamentos quitan la inspiración. *Diles que no me maten, Faustino*, se escucha como un eco infinito. Por estos rumbos no es extraño encontrar un escritor bebiendo con su personaje, despotricando contra el mundo y escuchando a José Alfredo. Cuando entran los violentos con sus Berettas a la vista, abandonan el lugar y se van con su sufrimiento a otra parte. Por lo regular, el personaje se compadece del escritor y le ayuda a hacer los trámites para convertirse en personaje; una vez dentro del texto, buscan un lago apacible donde continuar la conversación lejos del mundanal ruido, o una viga para colgarse con una sábana de seda; ya dijo el comisario Maigret que con alambre de púas era muy doloroso, y mientras exhalan el último suspiro, se quejan de su mala suerte y del país tan miserable en que les tocó vivir.

Cuando los países son débiles, hacen negociaciones secretas con los países poderosos. Antes les vendían partes de territorio, como la Baja Sur, Puerto Peñasco y Rosarito; ahora les compramos armas y dejamos que los muchachos se maten en cruentas balaceras que pueden ser filmadas para *Yutub*. Estos jóvenes no llegarán a ningún lado, dicen, es mejor que se acaben entre ellos, al fin que no se pierde gran cosa.

«Oye, Benito —le dije a Benito Juárez—, ¿podrías hacer algo?».

«Llama a la autoridad, yo estoy muerto.»

No confío, si mis informes no me engañan es novia del FBI.

Qué perdida está la juventud en esta época, mira que prestarse a ese mestizaje abominable.

Tuve que ponerle *La Zandunga* para que la nostalgia lo apaciguara; estaba exigiendo su Maximiliano con voz nada reconfortante. Luego me acordé de Kafka; no sé a qué se deba, pero siempre que estoy en problemas me acuerdo de Franz Kafka, que nació y vivió en Praga, una de las ciudades más bellas del mundo, que él acicalaba con sus ojos.

«Qué onda, mi Kafka, ¿andas *pisteando*, carnal?».

«Milena no responde mis cartas; estoy devastado.»

«Qué, a poco es acá, insustituible.»

«Devastado.»

«Mándale un *email*, ¿tienes Twitter?».

«No responde.»

«No sufra, mi Kafka, todas las viejas son iguales; mira, le voy a marcar de mi *celu*, dame su número, es mexicano pero todo el mundo es territorio Telcel, a poco no.»

«No res.»

Me ignoró, cruzó el Moldava y se largó rumbo al Castillo entre gatos negros que maullaban y amenazaban con salirse del texto para provocar una hecatombe en nuestra casa.

Hay una mina en la Sierra Madre Transversal donde la mitad de los mexicanos toman energía para soportar a la otra mitad. No es raro ver parejas que ingresan para contentarse. Contiene apartamentos donde se templa la imaginación, el carácter y la capacidad de espera; otros donde exhiben documentales de países que están peor que nosotros y uno más donde puedes pasar horas escuchando los discursos del presidente. Es un lugar perfecto. Los que viven la experiencia, que puede ser de unas horas o de varias semanas, lo abandonan radiantes, con ganas de saludar a los políticos, a los miembros de las fuerzas armadas y a los de la Selección Nacional; sin embargo, apenas han transcurrido pocos minutos cuando sufren un ataque artero donde varios caen abatidos y se acaba el encanto. Luego nadie sabe cómo amar a un país que se escurre de los trajes y en el que han fundido las llaves del reino. Después nos comportamos como zombis y contamos los muertos: 51, 52..., y nos preguntamos: «¿cómo evitar el miedo?, ¿cómo sobrevivir a los que derriban las puertas y encañonan?, ¿cómo plantarse ante los que no encañonan pero disparan?». La tele hace sus esfuerzos, sigue por días a los delincuentes atrapados hasta convertirlos en figuras públicas. Algunos se transforman en monalisas y su actitud es analizada por expertos de varias nacionalidades. Cuando han conseguido que las imágenes se fijen en los espectadores, le echan la culpa a los *narcocorridos* y a la madre que los parió.

Con tanta verborrea, llega el momento en que los gobernantes se sienten contaminados, sufren comezones y les molesta el maquillaje; entonces el Congreso les autoriza un viaje para que vean mundo, establezcan acuerdos de intercambio cultural y practiquen el don de la palabra; si regresan sin haberse curado, los llevan a la Sierra Madre Transversal, de la que siempre se vuelve siendo el mismo.

Para investigar el caso me apersoné en el lugar de los hechos. Apersonar: curioso verbo, ¿no? Tú te apersonas, él se apersona, nosotros nos apersonamos. Llegué ante un guardia fuertemente armado, capucha Hugo Boss incluida.

«¿Qué buscas?».

«Vengo a tomar fuerzas para resistir la pasividad de la gente.»

«Ponga sus manos aquí.»

Señaló un cristal que tenía dos rectángulos. Apenas las acerqué se puso rojo.

«Aléjese, no puede entrar», gritó el guardia a la vez que me amenazaba con el cañón de su Centurion 39 Sporter.

«Oiga, soy hombre de paz, además estoy enamorado de mi Chiquita.»

«Son los más peligrosos; ahora lárguese, si lo veo merodeando por aquí, no quiera saber lo que le va a pasar.»

Bueno, me digo, mataron a Martin Luther King, a Pancho Villa y a John Lennon, ¿qué pierde el mundo si me ocurre algo? Y busco, penetro la selva más lejana de la entrada y después de unos minutos encuentro una rendija en la roca por la que me cuelo a una sala cómoda y bien iluminada. Sillones de cuero en perfecto estado. Pronto escucho la música de Timbiriche y las palabras del señor presidente: «Mexicanos y mexicanas, vivan los héroes que nos dieron patria...» Minutos después encuentro un grupo de personas embobadas. Disfrutan el ambiente. Le pregunto a un señor:

«¿Cuánto tiempo llevan escuchando esto?».

«Toda la vida», expresa con un gesto de felicidad.

Lo mismo me responde una líder sindical, un comentarista de deportes y un estudiante de contabilidad. Después desconecto el estéreo y se hace un silencio profundo. Los presentes no se inmutan, intercambian sonrisas, abrazos y se desean lo mejor.

Era la clave para abandonar el lugar. Camino con ellos. En la puerta el guardia llama por su celular:

«Ahí van, mi amigo, son un resto, falta poco para llegar a cien mil; te encargo, no es necesario que parezca un accidente».

Luego canta: «La cucaracha, la cucaracha, ya no puede caminar...»

«*Pap, mom*: me voy.»

«Pero hija, he trabajado como bestia para darte todo, he sido lo más decente posible, no puedes abandonarnos.»

«Ay, *pap*, no te pongas *erizo*, debo hacer mi vida, ustedes ya hicieron la suya, ¿no?».

«Mi reina, no seas tan dura con tu padre, te hemos dado una carrera, te conseguimos un empleo y pronto te dejaremos esta casa, no seas ingrata.»

«No te azotes, *ma*: soy completamente incapaz en mi trabajo, me pagan una miseria y esta casa se está cayendo.»

«Déjala, se arrepentirá.»

«Hija desnaturalizada.»

«Ya, no joroben.»

«Al menos dinos adónde vas.»

«A México.»

«¡Qué! ¿No es un país en vías de extinción?».

«No creo que a los mexicanos les agrade lo que dices.»

«¿Son los comedores de cactus, verdad? He leído que es un muladar lleno de perdedores, desempleados y enfermos.»

«Será mejor que me vaya, están muy cáusticos esta noche.»

«Ten cuidado; también leí que se sospecha sobre la existencia de caníbales.»

«¿Qué?».

«Tranquila, lo tendré.»

«Que lo único moderno que se ve, son los fusiles y las pistolas que usan los maleantes.»

«Si encuentras algún teléfono, llama para saber cómo estás.»

«Lo haré, y no se preocupen, participaré en la Reconstrucción.»

«¿Qué les pasó?».

«Los ajustaron un poco y se están acabando entre sí.»

«Pero, ¿incluso convertirlos en caníbales?».

«*Mom*, no exageres, no creas todo lo que leas; es un país democrático.»

«¿En serio?».

«Si te haces caníbal no regreses.»

«No manches, ¿cómo crees?».

«Promételo.»

«Si regreso prometo no comerlos; además están muy viejos y su carne es dura. En México comeré y cenaré jóvenes de 15 a 25, solo carne fresca.»

«¿A eso le llamas reconstruir?».

«No vayas a comer carne contaminada, dicen que hay bacterias por todos lados.»

«Es un programa gubernamental, *pap*, y hay millones para ser merendados.»

«Cuida tu colesterol.»

«Te doy mi palabra».

«Y no te juntes con gente mala.»

Me asusta la obstinación cretina de los que están en el poder. He visto que hay muertos todos los días y lo único que se les ocurre es hacer declaraciones; los veo en la dicha total y no la merecen, ¿o sí?

Aserejé, ja, de je…

ÉLMER MENDOZA Nací en Culiacán, Sinaloa, en 1949. Fui atleta casi olímpico, con ofrecimientos de becas de universidades estadounidenses y del Centro Deportivo Olímpico Mexicano. Pero no era lo mío. Tomé un curso de guitarra clásica y cuando ensayaba para el primer concierto colectivo, supe que no era lo que quería ser. Estudié electrónica cuando las *compus* eran del tamaño de una habitación, y tampoco. Una noche escribí hasta el amanecer, experimenté una sensación desconocida, siniestra y subyugante; claro, debía ser escritor y aquí estoy.

SOLTAR

Rubén Albarrán

Para escribir este texto no me inspiré, simplemente inspiré... todas las partículas tóxicas que hemos liberado nosotros mismos
en el entorno con nuestro loco estilo de vida. Todo está allí; la
noosfera en que vivimos en el mundo entero, y en este caso los
mexicanos, ya huele mal.

Yo solo quiero vivir en paz, y en armonía, sin nada ni nadie que
me oprima.

> La patria es uno,
> LA PATRIA HA MUERTO...

Porque uno ya está más p'allá que p'acá... pues porque de vivir
entre fuegos ya la lista es larga y dolida, entonces allí ya no se
sabe de entrada si sigue uno aquí o ya medio se fue con los que se llevó... unos que si la influenza, que si el sida. Otros que si de chivo
expiatorio al tambo... o les tocó la bala perdida... perdida la causa... y la guerra más. Otros que si ya se volvieron cristianos o

protestantes, o metodistas... metiéndole *a tocho*, lo que aparezca se lo chutan, se lo chupan, se lo inhalan, se lo inyectan, se lo viven, pues, dicen mejor vivir *a tocho*, el tiempo que dure dura, que una vida de miseria y aburrimiento. Está uno medio calaca ya, porque más allá de lo que pueda soportar el peso mexicano, el peso que uno soporta al estar en el escalón de hasta debajo de esta impresionante pirámide, más grande que la del Sol, más alta que la de Chichén Itzá y en la que hasta arriba está puro peso pesado con finos y delgados apellidos, siempre oprimiendo tanto, que si bien dicen que dios no ahorca, sus socios a veces sí lo dejan a uno sin aliento. Uno se siente sin aliento para meterle energía a las cosas, a la vida, ¡¡meterle el *fua*!!... porque luego uno, por hacer el bien, ya hasta no se sabe en qué embrollo puede meterse con la ley, con la leyenda; pura leyenda que la ley sea ciega. Entonces uno ya está calaqueando porque uno de naturaleza es bueno, pero no hay lugar para eso aquí; y malo, uno no es tampoco... ni de aquí ni de allá, diría La India María; así corriendo en la calle de la gran ciudad, esquivando a los autos sin poder llegar a la otra orilla. Diría uno, pobres indios, mejor que se regresen a sus tierras, pero si ni tierras, ni siembras, ni agua, ni maíz... la tierra la expropiaron para hoteles o campos de golf, el campo está seco y el agua la contaminaron. Las indias ya no juntan ni para llorar, ya ni reglan... pero qué tal se empanzonan... de bichos o de niños. Igual así se mueren los chilpayates, como bichos, por cientos, por miles y de esos ni quien lleve la cuenta, esa es su regla. Uno está muerto de aburrimiento porque ya no hay chance ni de saludar de beso, no se vaya uno a contagiar; ni chance de ver a las chicas de la oficina en minifalda... ya de coger ni hablamos... porque no hay tiempo para cotorrear con la banda, no se diga ya con la *family*, todos trabajando... de la chamba a la tele y de la tele a la chamba. A uno como que ya se lo llevó *la chifosca, la liberadora, la patas de hilo*, más que nada porque no hay opciones, no hay ni jale, ni hacia donde jalar. Porque el único futuro es cuando ya la tripa truena, la piernita flaquea y uno ve la hora de darle un tragote a la Coca. Porque ahora si no se es práctico, ya valió madres, y qué más práctico que comer a diario en el Oxxo esas pinches sopas de polietileno que ya lo tienen a uno hasta el copete, pero es fácil, rápido y... no, barato no es. Una vida dedicada a la galleta, a la sopa y al *chesco*. Uno muere de coraje porque toda la lana nomás pasa por las manos de uno y así se va. Pagando, pagando, pagando. Formado para pagar impuestos, impuesto a estar en la cola, en la raya, como tienda de raya. Las puras deudas. La patria, recién llegaditos a este valle de lágrimas nos recibe con una deuda personal de quién sabe cuántos ceros. Así nomás por la gracia divina de ser mexicanos. Le hubieran preguntado a uno... es como el pecado original. Uno se muere de angustia porque uno no es lo que la sociedad espera de uno, ni siquiera se parece uno a ese valedor de la cruz, que más se parece a los modelitos argentinos que traen las telenovelas; pero al menos uno, con esa angustia, con ese resentimiento, busca la forma de abrirse paso entre los demás e imponerles sus leyes, y que se chingue el de al lado. Y así todos nos chingamos, que no significa eso, que ya chingamos. La ley aquí es: chinga a tu prójimo como a ti mismo. Y entonces sí, parece uno estar vivo, todo mundo le sonríe y lo respeta. Soy un hombre respetable. Respe*table dance*. Uno diría que este es el *after* de la chingada, de la jodida, de la tostada, de la pelada, porque ya no se puede decidir por uno mismo. Tan loco anda uno ya; ya al mesero se le ve acercándose con la cuenta y la cruda podrá aparecer en cualquier momento. La noche ha sido larga; estas son las mañanitas que cantaba el rey David... y uno a echarle las ganas de seguir adelante con esta pinche cruda, realidad. Tambaleando. Y entonces

143

todo lo que uno tenía que hacer en este día, ya no lo hizo, pos mañana será… y mañana, que por qué le dijiste eso, que por qué hiciste aquello, que qué pendejo, si yo te dije, te expliqué con peras y manzanas, que no pagaras de más, que no vendieras, que no dijeras, que ya aceptaron tal ley, que ahora todos rescataremos a los bancos… ¡¡pues lo hubieras hecho tú!! El chicle vale, en el zapato, en el cerebro. Y el cerebro de uno, como que da vueltas de ver la cantidad de dinero con que todos le hicimos el paro a los gorditos banqueros y administradores de la patria. Esa lanita, nos la hubiéramos dividido entre todos… no, pues el puro billete, ya andaríamos todos en nuestras camionetotas, con unas pinches medallas y unos anillotes… *blink, blink,* ¡¡presta!!, se escucharía por todos lados… creo que en un mes otra vez estaríamos igual… porque uno se muere en y por el trabajo, de sol a sol, mejor dicho de alarma a alarma. Haciendo lo mismo, lo mismo, todos los días; horas en el tránsito para llegar solamente, apenas comienza el día y uno ya está muerto de cansancio, y así. Incluso el día de descanso ya está programado, pura telera, de comer y de entretener; y esa es la otra escuela de uno, la de verdad, por no decir la buena… porque uno ya bailó con *la más flaca,* con *Doña Huesos,* con *la cabezona,* porque con lo que a uno le enseñaron en la escuela no le alcanza. No alcanza para lo que hoy en día uno ve como vida. Porque igual uno que sobrevive en el barrio o en el circuito, la unidad habitacional o el condominio de lujo, está todo el tiempo metiéndole que a la botanita, que a la chelita, que a la *fast food,* que al pollito con hormonas y al taquito con clembuterol… y ya el hígado, la panza, el corazón, el puerco entero están reclamando; y qué transa con las verduras… todas transgénicas y regadas con mierda… ¿y las grasas? Trans… y a uno lo traen en jaque todo el tiempo, que si los terroristas, que si los *narcos,* que si los uniformados, que ya colgaron a uno en el puen-

te de aquí cerca, que otra chamaca enterrada, que si la enfermedad, que si las vacunas, que si el hoyo loco y la vaca bailarina...
igual uno qué le va a hacer... ¿va a dejar de echarse unos sabro-
sos tacones a la salida? ¿Va a dejar de enterarse en el puesto de
periódicos o en la revista del vecino del metro? Habría que dejar
de ser mexicano. Y allí va uno cantando una rolita que ni está
chida, pero la meten hasta por debajo de la cama; ¿de qué manera te olvido? O repitiendo el nombre de una marca, o de un político, quesque el pueblo manda, y quesque nuevo y mejorado. Es
una dieta espectacular la que uno consume: danos hoy el *soft por-
no* nuestro de cada día, controla las movilizaciones sociales, así
como nosotros olvidaremos lo importante. Uno está bien huesos,
ya bien estirado, bien hilacha, bien calaca porque uno se la tiene
que rifar contra los hermanos primero, luego los compañeritos,
los de la otra escuela, los del otro equipo, los del otro país, los del
otro género, con los de más arriba o más abajo, con los de otras
especies, bien espesas; de otras castas, con otras cartas, de otro
tipo, de otros planetas, y la neta, qué necesidad tiene uno de estar en contra de todo, hasta de uno mismo... porque si uno no se
ve, no hace, no ríe, no canta, no se enamora, no piensa, no siente,
no compra como hacen los de la tele, uno se siente bien gacho,
como que uno no encaja, no anda feliz, siempre anda uno ávi-
do... hasta llega uno a pensar que qué pinche mezclita tan jodida
la que se dio por estos terruños... padre gandalla, ausente; madre violada, dejada... y bien fea y bigotona... uno es como niño
de la calle. Pero qué tal que apareció el *Chicharito* mágico... y él
lo alimenta a uno... vive uno sus triunfos con él... cada gol, cada
campaña publicitaria, cada semana... ¿cuánto?, pero para eso,
para destacar ha de tener uno tiempo... y a la hora de la hora, a la
hora suprema, a la mera hora... ¿quién tiene tiempo?; no se diga
ya reloj, a todo mundo ya se lo bajaron en el metro, en la micro...

eso sí, ya todos tienen celular, bendito celular que lo acompaña a uno a todas partes y lo mejor es que uno controla todas las actividades diarias. Y no deja uno de chambear. No se puede parar; porque la angustia de siempre de estar debiendo está muy mal, se tensa uno, no se duerme, no se ríe, no se come… pero ahora con tantas cosas que le hacen a uno la vida fácil, es difícil no embarcarse con una bonita lavadora para que la vieja siga haciendo rete contenta su quehacer, o con unos juegos de video para los chavos, para que no anden con malos pensamientos, o una pantalla de plasma, para ver a la Selección perder de nuevo. Y luego la culpa. Mía no es, dice uno y así todos, pero la verdad es que aunque no sea de uno la culpa, pues la culpa está en uno, adentro, y qué le hace uno si ya está ahí, así nos enseñaron en la escuela, los domingos más. Que si uno ya compró una pirata, que si uno ya dio mordida, que si uno ya fue a un *table*, que si uno ya se hizo güey y no pagó los impuestos. Entonces luego está uno huyéndole a la mujer, o a la poli, o a Hacienda, porque si uno no hace eso pues cómo, ¿no? Luego están re caras las medicinas y uno ha de trabajar toda la vida para pagar medicamentos, y al final de sus días durar un poquito más, el pinche cáncer ¡¡cómo es caro…!! ¿Y a quién no le va a dar cáncer hoy día?, pero el pinche aferre… porque si es invierno, pues hay que tener siempre unas neomelubrinas, aspirinas, unos jarabes, unos sones, un café, un Bacardí para las gripas de nariz y del corazón. Y cuando es verano unos sueros, un algo para la intoxicación intestinal… porque ¡¡cuánta mierda volando por el aire!! Y uno en los puros taquitos, en las garnachas, en las tortas, en los tacos, en las hamburguesas, en las pizzas, en los *hot dogs*, en los postres, se lleva la patria entera y toda su porquería a la boca… y luego va uno a hacer del cuerpo, como decían los abuelos, corriendito al río, a la esquina oscura, en plena calle. Sss… la pura diarrea, diarrea mental... y allá va volando parte del ser de uno, como polvo... así nos profetizaron: polvo eres y en polvo te convertirás... ¿más?; como preguntaría *El Jaibo* cuando Pedrito le dice que no se meta con su madrecita santa... la madrecita, qué bueno que ya se adelantó y no vio cosas tan feas hoy día. Y ya que aquí la única democracia es la que imparte *la democrática, la chifosca, la espirituosa, la comadre, la cargona, la dama del velo, la enlutada, la siriquisiaca,* y que este es el último camión, antes que pedir perdón y pasarse a despedir uno, se receta y se recita esta última oración: madre nuestra que estás en uno, santificados en la unicidad, somos tu reino, trabájese la voluntad, así a través de nuestros corazones, cosecharemos tus bendiciones; muestra nuestros errores, que nosotros aprenderemos la lección, déjanos caminar tu misterio, liberados del bien y del mal; santa matria, madre de todos, sigue amándonos, somos tus brotes, ahora es la hora de nuestra muerte y de renacer. ¡¡QUE VIVA LA MATRIA!!

RUBÉN ALBARRÁN Soy... en realidad no ostento ningún título. Dedico parte de mi tiempo a la música, a la gráfica, a inventarme actividades creativas. No sé reparar nada en casa, y si se descompone mi auto, lo abandonaré allí donde eso paró de andar. No uso celular y soy *ciberprovinciano.* A veces siento que soy misántropo, salgo poco, disfruto de la soledad, pero cuando salgo, reviento como palomita de maíz y me cabuleo a quien se deje. No creo en el sistema económico, político, de educación. No creo en la medicina alópata ni en las religiones organizadas. Tampoco en el amor romántico de la canción pop, ni en el sufrimiento de la ranchera. Mis hijos me dicen *Grinch.* A los árboles, las arañas, las aves y los delfines los considero pueblos hermanos con culturas e inteligencias asombrosas, pero que no cuentan con voz en este mundo agonizante. La mar, la montaña, el sol, el viento, la enfermedad, la tristeza, la belleza y el gozo, son todos parte de mí.

RECONCILIACIÓN
Antonio Cervantes Guerrero

Pinches ricos.

No.

¡¡Pinches ricos!!

¡Sí!, ¡así!

Este es el grito que hace mucho se vino a sentar dentro de mí. En un lugar bien profundo y bien silencioso. Y ahí se quedó metido por más de treinta años haciendo mucho ruido, aunque no me diera cuenta. Hasta que hace poco lo pude mirar por primera vez, lo escuché claro y fuerte, y desperté: ¡¡¡Pinches ricos!!!

A lo mejor todo comenzó en la primaria. Iba a una escuela pública en Toluca, en el Estado de México, donde nací en 1974. En esos años Toluca era algo así como un pueblo grandote que aspiraba seriamente a ser una ciudad bien puesta, con Sanborns, Palacio de Hierro y todas esas cosas que había en el DF. Lo que más me gustaba hacer en esos años era jugar a juegos donde tuviera que correr. Lo más rápido posible: «policías y ladrones» o «los quemados», por ejemplo. Y odiaba que mis amigos se pelearan, porque eso interrumpía los juegos y después ya nadie quería seguirle. En fin, pues resulta que cuando iba como en tercero o cuarto de primaria abrieron una escuela privada en la ciudad, que dizque era muy buena. Yo no pensaba en eso, o en aquella escuela, sino hasta el día en que varios de mis amigos ya no volvieron más para jugar en el recreo porque los habían cambiado a la primaria «de paga». A partir de ahí pasaron cosas que apenas hoy estoy entendiendo. Cada vez veía menos a mis amigos que se pasaron a la otra escuela —y eso que éramos buenos cuates—, pero cuando los veía, ellos hablaban diferente, usaban palabras que no entendía, tenían cosas que no conocía, o sea, habían creado códigos distintos a los que usábamos cuando estábamos juntos en la «Anexa», como se llamaba a nuestra escuela pública.

Siempre he sido un buen observador, así que hacía eso, los observaba mucho, los escuchaba y trataba de entender lo que estaba pasando. ¿Por qué ya no éramos tan cercanos? ¿Por qué de pronto me daba «pena» frente a ellos? ¿Por qué llegaron a burlarse de mí o de otras personas por vestir, hablar, decir o tener o no tener en formas distintas a ellos? ¿Por qué de pronto éramos irremediablemente «diferentes»? No lo sé. Nunca lo pregunté a nadie. Solo asumí la diferencia y la distancia y esta especie de «regla no escrita», ¡y menos hablada!, que dice: «En México todos somos iguales… pero hay unos más iguales que otros».

Más pronto que tarde el dinero se convirtió en una obsesión para mí. Pero una obsesión callada y ciega, casi como un tabú. No vivía en la familia más pobre de México, para nada, digamos que nací en una «clase media baja urbana» que con mucho esfuerzo y trabajo se colocó con el paso de los años en la «sólida clase media». Sin embargo, hubo momentos que en aquel entonces califiqué como «duros» y me marcaron para siempre: la cara de angustia de mi madre algún día en que no estaba claro qué íbamos a comer, aunque esto siempre se resolvía con la llegada triunfante de mi papá con algún pago que le acababan de hacer; las pláticas con mi padre cuando me contaba que había gente rica y poderosa que le daba «palos», o sea que abusaban porque no le pagaban o lo trataban con desprecio; cuando mi madre hacía su propia ropa en casa para tratar de ir «bien» a una reunión con la gente «bien»; cuando sentía que alguien de mi familia era insultado indirectamente en conversaciones donde los «güeritos» se burlaban de un «naco» o una «naca» y me aguantaba las ganas de reclamarles porque finalmente quería pertenecer a su grupo, superar mi clase social, ser más.

La realidad de mi casa contrastaba con lo que veía en las casas de mis excompañeros de la primaria. Tenían suficiente dinero para derrochar, y cosas de más. Cuando convivía con ellos era cada vez más incómodo estar ahí, en su ambiente, y pensar en lo que había pasado en mi casa un día antes, en mis papás angustiados o con deudas o sin saber con anticipación de dónde íbamos a sacar para el «gasto» del próximo mes. Una primera y «obvia» conclusión de mi mente infantil: el dinero es igual a tranquilidad, felicidad y valor como persona; es necesario tenerlo, y mucho. Una segunda y trágica conclusión de mi mente infantil: creer permanentemente que merecía más de lo que tenía. ¿A santo de qué? No lo sé. Pero no importa. Esta era la semilla envenenada.

Al llegar a la secundaria pasó algo nuevo: surgió un nuevo ingrediente para mi sopa de resentimiento social. Era la escuela oficial del barrio y ahí daba clases mi mamá. De pronto me di cuenta que era el hijo de la maestra Cristi y por eso la gente me respetaba, incluso los profesores, pero no solo eso, para algunos de mis compañeros, los más humildes, era de los «riquillos» de la escuela. ¡Imagínate! Ahora estaba en una posición de poder, según yo. Entonces me llegué a sentir superior a otros y ahora yo era el que discriminaba. Silenciosamente, en mi cabeza, mi complejo de clase se había completado. Aquí miré a otro ser humano por primera vez y pensé, como antes alguien lo hizo conmigo: «Pinche naco. Pinche pobre». Sí.

Al final de la secundaria me gané una beca para hacer la prepa en el Tec de Monterrey, en Toluca. Y acabando el Tec, tiempo después, me gané otra beca para estudiar una carrera en el ITAM, en el DF. Ahora estaba en «las escuelas de los ricos», y llegué equipado con mi prejuicio de clase bien armado. Para entonces había aprendido los códigos de comportamiento y estaba muy atento para aprender otros nuevos. Era el «güey becado» y muchos querían estudiar conmigo porque, eso sí, siempre fui bueno para la escuela. De esa forma me integré socialmente. Era como una necesidad de ser como ellos, pertenecer a su mundo y dejar atrás el mío: negar mi origen. Al mismo tiempo, en mi mente vivía ya una especie de deseo de venganza, «un día me la van a pagar estos cabrones, un día voy a ser rico y poderoso, ya verán». Y esta es la parte más triste de la historia: cuando el enojo y la discriminación pasaron de mi cabeza a instalarse en mi garganta y también en mi corazón. Mis sueños, mis buenos sentimientos, mi comportamiento sincero, mi alegría, todo eso se fue consumiendo porque la prioridad era ganar dinero, tenerlo lo más pronto posible. Era la única forma de salir del hoyo, de saltar de «casta». De ser una persona respetable y digna. Ya después vendría la diversión y todo lo demás.

Hasta aquí esta historia puede parecer más bien aburrida y burda. Puede ser. Pero es honesta. Este complejo de clase o resentimiento social es algo que veo por todos lados en México, en muchas conversaciones, con todo tipo de gente; de todas las clases sociales y niveles de educación. Pero casi nadie acepta que en el fondo, en verdad este prejuicio determina lo que muchas personas hacen, dicen y piensan. Es casi como ese elefante rosa sentado en la mesa de la sala de la casa, al que todos le dan la vuelta para no verlo de frente ni ver bien de qué está hecho.

A mí no me quedaba nada claro. No lo veía. No me había dado cuenta de qué tanto mi vida estaba determinada por mi filosofía de «castas», de resentimiento y discriminación. De qué tanto pesaba en el rumbo de mi existencia y en la naturaleza de mis emociones y relaciones personales. Nunca hubiera aceptado públicamente que estaba invadido por el virus de la degradación de la humanidad de los otros; de la cultura superficial y chafa del «dinero por encima de todo». Nunca jamás. Pero un día este prejuicio y esta mentalidad me llevaron a la cárcel. Y allí comenzó a revelarse una verdad que trato de compartir aquí.

Era septiembre de 2008 cuando comencé un proyecto cinematográfico al lado de un extraño llamado Mark Vicente, un cineasta de Sudáfrica que al cabo de tres años se ha convertido en mi maestro y uno de mis mejores y más queridos amigos. El tema de nuestro trabajo: la violencia. No debe ser difícil de imaginar el nivel de (in)felicidad de alguien como yo, que corría a toda velocidad por la vida persiguiendo el estatus que el dinero o una posición de poder pueden traer, ¿verdad? Antes de este momento pasé casi diez años trabajando y corriendo atrás de una tontería inalcanzable, pensando que era la única, sana y razonable opción. Así debía de ser, porque así lo decían todos a mi alrededor. Entonces no debe resultar extraño que, de pronto, «saltara» desde mi «yo profundo» un gran interés por este tema: la violencia. Que además estaba «muy de moda» en México, y tristemente lo sigue estando.

«Come más bien un perro de unas personas millonarias, que un jodido como nosotros. A mí me arreció la necesidad, me ofrecieron 50 mil pesos, una cantidad de dinero que jamás pensé tener en toda mi vida...», eso me dijo un hombre de Oaxaca, campesino, que está en la cárcel acusado de secuestro y me pidió que no revelara su nombre. Quería una mejor vida para su hija, su esposa y su madre, pero acabó quedándose sin lo poco que tenía. Hasta acabaron con deudas porque tuvieron que pedir prestado para pagar un abogado que los transó y se fue con el dinero. Casi con lágrimas en los ojos me dijo al final de la entrevista que ya su mujer se fue, se llevó a su hija, y su madre está muy enferma y él sabe que es casi seguro que no la vuelva a ver nunca, porque le faltan muchos años en prisión.

En otra entrevista, César, también sentenciado por secuestro, me dijo: «Uno imprime violencia porque quiere más, ya está harto de estar acá, abajo... esta decisión la tomé por, pues a lo mejor va a parecer absurdo, pero fue por deseos de mejorar en la economía, por darles una vida mejor a mis hijos y pues para dármela yo también, ¿no?...». Un tercer hombre, de nombre Jesús, antes de entrarle al secuestro fue agente de seguridad de un «patrón» de quien se quejaba durante la entrevista porque era un chavito prepotente e inexperto que lo trataba con desprecio, lo tenía como un «perro de exhibición», me dijo. «Yo tenía la presión económica», y esa razón, además de su enojo contra los ricos, fue la motivación de Jesús para hacer lo que hizo y terminar en prisión por el resto de su vida. Al terminar la plática agregó, refiriéndose a esas personas que hacen y dicen ciertas cosas, dizque buenas y decentes, pero también otras, malas e indecentes: «te digo que el camaleón es un animal bien bonito...».

Como dicen en mi pueblo, «al que le quede el saco, pues que se lo ponga». Y saliendo de estas entrevistas, pues yo sentía muchas náuseas. Mi gran filosofía del resentimiento social era ni más ni menos que idéntica a la de estos hombres. Incluso justificaba su enojo. ¡Pues claro, si abusan de ellos, cómo no van a terminar haciendo eso! En algún momento Mark Vicente me dijo que esa forma de pensar es la misma que en Sudáfrica justificaba el asesinato y la tortura entre negros y blancos; allá el pretexto era el color de la piel y aquí parece ser la clase social. Mis náuseas crecían. Y crecían. Pero el resentimiento permanecía sólido en la base; o sea firme pero con náusea.

Como parte de nuestro proyecto, en otra ocasión Mark y yo fuimos a entrevistar al jefe de la oficina federal antisecuestro. Al terminar la entrevista nos mostró una serie de videos que los secuestradores mandan a las familias de las víctimas para que paguen el dinero que les piden. El policía metió lentamente un DVD a su computadora y unos segundos después, ahí mismo frente a mí, en la pantalla, aparecieron unos hombres torturando física y sexualmente a una niña. Estaba desnuda y amarrada. La pequeña, llorando, decía: «¡Ya no… ayúdame, papi!».

Aquí se detuvo el tiempo.

Se me rompió el alma en dos pedazos y mi estúpido prejuicio y resentimiento por fin se reveló con toda su monstruosidad; y entonces sí me puse a echarlo por la coladera. Ese día llegué a mi departamento y al abrir la puerta escuché los piecitos descalzos de mi hija de 3 años que corría por el pasillo para saludarme. Como la niña del video, ella también gritó «¡Papi!»... y me abrazó. Me hinqué para abrazarla muy fuerte, por un buen rato, y lloraba profundamente mientras la cargaba bien apretada a mí. Ahora, mientras escribo esto, también lloro, porque me acuerdo de ella, de su inocencia y de ese video que nunca se me va a borrar de la memoria. ¿Dónde quedó eso que todos nosotros, todos, compartimos cuando nacemos?

Es una trampa brutal e infinita esto de definirse en la vida con relación al dinero, porque siempre habrá alguien más rico que tú y alguien más pobre. Para mí las personas de la cárcel eran «pobres», para ellos yo era «rico» probablemente, y para muchas otras personas seré «pobre» con seguridad. O sea, objetos; todos objetos con una etiqueta colgando con un precio, como en el mercado. Pero es una trampa mortal creer que merezco más de lo que tengo. La primera trampa es una tortura permanente. La segunda es una máquina de muerte.

Con este resentimiento que armé he sido incapaz de agradecer. En general: a la vida, a la gente. Eso de que el enojo ciega es absolutamente cierto. En especial siento una deuda gigantesca con mi padre, la persona más trabajadora y generosa que he conocido en la vida.

Esta es parte de la historia de mi indignación contra mi propia indignación. Contra mi incapacidad de ser humano. Contra mi falta de respeto hacia el significado del trabajo, el mío y el de los otros. Contra la negación de mis sentimientos más nobles, que son los más fuertes y no los más débiles como creía. Porque eso de «¡Pinches ricos!» y «¡Pinches pobres!» solo significaba «¡Pinche yo!», por no tener la valentía de vivir conectado con esos sentimientos a los que me refiero y que, en el fondo, son los que me permiten identificar «al de enfrente» como alguien igual a mí. Era más «cómodo» inventar un pretexto como el dinero que sentir como si fuera en carne propia la historia de otra persona, «¡Qué lata!», «¡Qué bronca!», «Imagínate andar sudando calenturas ajenas», como dicen por ahí. Pero asumir esa «incomodidad» ha traído a mi vida la posibilidad de ser humanamente rico, de vivir con intensidad mi realidad y entenderme como uno más dentro de un gran equipo. Y eso, la neta, no tiene precio.

Ahora mi pasión es entrevistar personas. De todos colores y sabores. Todos los días, a todas horas, lucho para destruir por completo al fantasma del miedo y del prejuicio, y no dejaré de hacerlo hasta vencer; vencer absolutamente. En estos tiempos violentos, bien vale la pena dedicar la vida al entendimiento de todos nosotros juntos. Ricos o pobres, y también quienes secuestran, por supuesto. Hasta que todas las miradas que se crucen lleven metido un honesto abrazo de paz.

Vivir a flor de piel.

Sí. Así.

ANTONIO CERVANTES GUERRERO Hasta los 33 años fui un seguidor profesional de reglas, de todas las reglas que me impusieron de fuera y las que me inventé solito. Nací en la hermana república de Toluca de Lerdo, en el Estado de México, en 1974. Estudié Economía y Derecho en el Instituto Tecnológico Autónomo de México, ITAM, y trabajé casi diez años en el gobierno federal. Todo esto para darme cuenta de que lo mío, lo mío, lo mío, es la comunicación con emoción y sin prejuicios. He decidido dedicar el resto de mi vida a trabajar por la no violencia en mi país. Deseo terminar con los prejuicios entre clases sociales, que son un tipo terrible de violencia. Finalmente, cuando sea grande, quiero ser poeta.

ÍNDICE